ROSETTA SERIES:
UKRAINIAN READER

EDITED BY TONY J RICHARDSON

Rosetta Series: Ukrainian Reader
© JiaHu Books
First Published in Great Britain in 2023 by JiaHu Books part of Richardson-Prachai Solutions, LU7 4QQ, UK.
ISBN: 978-1-78435-300-1
Conditions of sale:
All rights reserved. You must not circulate this book in any other binding or cover and you must impose the same conditions on any acquirer.
A CIP catalogue record for this book is available at the British Library
Visit us at: jiahubooks.co.uk

For โม, Τύχω and עלה

Introduction 9

Українська мова 12

Російська та українська мови 16

Демографічна ситуація в Україні 20

Економіка України 24

Географія України 28

Давні походження України: Слідуючи за ранніми цивілізаціями та культурами 32

Вплив Київської Русі: Відкриття Золотого Віку України 36

Козацька Україна: Роль козаків у українській історії та суспільстві 40

Пробудження української національної свідомості: культурне та політичне відродження у XIX столітті 44

Голодомор: Розуміння геноциду голоду 1932-1933 років 48

Друга світова війна і Україна: Окупація, опір та Українська Повстанська Армія 52

Чорнобильська катастрофа: Екологічні та соціальні наслідки в Україні 56

Помаранчева революція: Роль громадянського суспільства у формуванні політичного ландшафту України 60

Євромайдан та українська криза: протести, конфлікт та геополітичні наслідки 64

Українська незалежність: від Радянського Союзу до сучасної держави Україна 68

Місто Київ: Символ України і його Багатогранний Характер 72

Львів: Магія Історії та Культури 76

Одеса: Перлина Південного Берега 80

Планування поїздки до Зони Відчуження Чорнобильської АЕС: Відкриття Таємниць Минулого 84

Карпати: Природна Краса та Пригоди 88

Кам'янець-Подільський: Місто Старовинного Колориту та Княжих Фортець 92

Софіївський парк: Магія Природи та Романтика 96

Вінниця: Місто Парків та Культурного Духу 100

"Тарас Бульба": Роман про Героїзм, Батьківщину та Любов 104

Тарас Шевченко: Поет, Художник, Національний Герой 108

Іван Мазепа: Гетьман, Патріот та Символ Національного Духу 112

Богдан Хмельницький: Гетьман, Визволитель, Національний Герой 116

Григорій Сковорода: Філософ, Поет, Духовний Вчитель 120

Леся Українка: Велика Поетеса та Борець за Свободу 124

Володимир Вернадський: Видатний Український Вчений та Мислитель 128

Михайло Грушевський: Видатний Історик та Політичний Діяч   132

Василь Стус: Поет, Громадський Діяч та Символ Свободи   136

Сергій Корольов: Геній Ракетної Техніки та Космічних Досліджень   140

Сергій Прокоф'єв: Видатний Композитор та Музичний Геній   144

Спорт в Україні: Відданість, Успіхи та Вплив   148

Динамо Київ: Легенда українського футболу   152

Українська кухня: Смаколики та Традиції   156

Як приготувати борщ: Секрети Автентичної Української Страви   160

Водка і Сало: Символи Української Кухні та Культури   164

Бурий Ведмідь: Величний Символ Дикої Природи   168

Європейський Вовк: Визначний Мешканець Лісів   172

Білий Осетр та Чорна Ікра: Коронні Класики Української Кулінарії   176

Степовий Орел: Величний Хижак над Безкрайніми Просторами   180

Український Кінь Гуцульської Породи: Символ Сили та Витривалості   184

Українська Сіра Худоба: Символ Стійкості та Стратегічного Значення   188

Баба-Яга: Жахлива Лісова Чаклунка   192

Зачарована флейта: Казка про Івана та Жар-птицю 196

Лев і Миша   202

Мишка та лелека   206

Отака гроза   208

В ресторані   212

Неприємний сусід 216

INTRODUCTION

I have always been deeply interested in less commonly taught languages, and I am thrilled to have finally dedicated time to compiling this collection of readers. These readers aim to bridge the gap between the abundance of beginner's courses available online for free and the actual reading of native materials.
The English translations provided here are not intended to be exemplary in terms of style, but rather designed to assist you in comprehending the Ukrainian texts. This is particularly evident in the conversations. In my opinion, this approach is the most suitable for a self-contained textbook like this one.
Vocabulary that can be easily guessed by those with knowledge of another East Slavic language has been omitted.
The articles are loosely grouped by topic, although there are no strict rules. This arrangement facilitates memorisation, as key terms are often repeated across two or three texts.

Enjoy,

Tony.

BILINGUAL TEXTS

УКРАЇНСЬКА МОВА

Українська мова є однією з найстаріших та найбагатших мов у світі. Вона належить до східнослов'янської групи мов і є офіційною мовою України. Українська мова має довгу і складну історію, пов'язану з політичними та культурними змінами в країні.

Перші згадки про українську мову відносяться до 9-10 століть. У цей період українська мова була ще в стадії формування і сильно впливалася іншими східнослов'янськими мовами, такими як давньоруська та давньопольська. Згодом українська мова розвивалася окремо від інших мов, але все ще зберігала спільні риси з білоруською, російською та польською мовами.

Протягом історії України українська мова була піддана різним впливам. Зокрема, під владою Російської імперії і СРСР була проведена політика русифікації, спрямована на пригнічення української мови та культури. Проте, незважаючи на це, українська мова зберегла свою живучість і продовжувала розвиватися.

Одним із визначних подій у історії української мови було створення першого українського правопису в 19 столітті. Це був важливий крок у визнанні української мови як окремої літературної мови. Пізніше були розроблені нові правописи та створено академії наук, які сприяли розвитку української мови і літератури.

У 20 столітті українська мова стала офіційною мовою в Українській Народній Республіці та пізніше в незалежній Україні. Завдяки цьому, українська мова отримала офіційне визнання і стала основним засобом спілкування в усіх сферах життя.

UKRAINIAN

The Ukrainian language is one of the oldest and richest languages in the world. It belongs to the East Slavic group of languages and is the official language of Ukraine. The Ukrainian language has a long and complex history, closely intertwined with political and cultural changes in the country.

The first mentions of the Ukrainian language date back to the 9th-10th centuries. During this period, the Ukrainian language was still in the process of formation and heavily influenced by other East Slavic languages such as Old Russian and Old Polish. Over time, Ukrainian developed separately from other languages while still retaining common features with Belarusian, Russian, and Polish.

Throughout Ukraine's history, the Ukrainian language has been subjected to various influences. In particular, during the rule of the Russian Empire and the Soviet Union, there was a policy of Russification aimed at suppressing the Ukrainian language and culture. However, despite these challenges, the Ukrainian language has managed to preserve its vitality and continued to evolve.

One significant event in the history of the Ukrainian language was the creation of the first Ukrainian orthography in the 19th century. This was an important step in recognizing Ukrainian as a separate literary language. Subsequently, new orthographies were developed, and academies of sciences were established, contributing to the development of the Ukrainian language and literature.
In the 20th century, the Ukrainian language became the official language of the Ukrainian People's Republic and later of independent Ukraine. As a result, Ukrainian received official recognition and became the primary means of communication in all spheres of life.

Сьогодні українська мова має велике значення для національної ідентичності українців. Вона використовується у літературі, музиці, театрі, кіно та інших сферах культури. Українська мова є також важливим елементом освіти в Україні, де вона викладається у школах та вишах.

Разом з тим, українська мова також має свої виклики. Глобалізація та розвиток інтернету приводять до впливу англійської мови та інших мов на українську. Однак, зусилля збереження та просування української мови тривають, включаючи розробку нових технологій для її вивчення та поширення.

Українська мова - це скарб, який ми повинні шанувати і берегти. Вона не тільки відображає культурну спадщину України, але і є засобом спілкування для мільйонів українців. Вивчення української мови допомагає розуміти історію, культуру та думки українського народу. Тому важливо підтримувати і просувати українську мову, щоб вона продовжувала розквітати і відігравати свою роль у сучасному світі.

Today, the Ukrainian language plays a crucial role in the national identity of Ukrainians. It is used in literature, music, theater, cinema, and other areas of culture. Ukrainian is also an essential element of education in Ukraine, where it is taught in schools and universities.

However, the Ukrainian language also faces its challenges. Globalization and the development of the Internet have led to the influence of English and other languages on Ukrainian. Nevertheless, efforts to preserve and promote the Ukrainian language continue, including the development of new technologies for its learning and dissemination.

The Ukrainian language is a treasure that we must respect and cherish. It not only reflects the cultural heritage of Ukraine but also serves as a means of communication for millions of Ukrainians. Learning Ukrainian helps to understand the history, culture, and thoughts of the Ukrainian people. Therefore, it is important to support and promote the Ukrainian language so that it continues to flourish and play its role in the modern world.

Східнослов'янська - East Slavic
Давньоруська - Old Russian
Давньопольська - Old Polish
Просування - promotion
Розвиватися - to develop
Вплив - influence
Визначний - significant
Правопис - orthography
Освіта - education
Живучість - vitality
Розробка - development
Скарб - treasure

РОСІЙСЬКА ТА УКРАЇНСЬКА МОВИ

Російська та українська мови мають багато спільних рис, оскільки вони належать до східнослов'янської групи мов. Проте вони також мають історичні, граматичні та лексичні відмінності, які роблять їх двома різними мовами.

Одна з головних різниць полягає у писемному алфавіті. Українська мова використовує кирилицю, яка має 33 літери, включаючи шість голосних і двадцять согласних звуків. У свою чергу, російська мова використовує кирилицю з 33 літерами, але з іншими звуковими значеннями. Наприклад, українська має літеру "и", що відповідає російській літері "ы".

Граматика також відрізняється між цими двома мовами. Українська має більш складну систему відмінювання дієслів та прикметників за числами, родами і відмінками. Російська має спрощену систему відмінювання і менше граматичних правил.

Лексика також може відрізнятися між цими двома мовами. Хоча багато слів вони мають спільну основу, українська має свої унікальні слова та вирази, які не використовуються в російській мові. Крім того, українська має більше запозичених слів з інших європейських мов, таких як польська та англійська.

Вимова також може відрізнятися між цими двома мовами. Наприклад, українська має більше звуків, які не зустрічаються в російській мові, таких як звук "ї". Крім того, інтонація та акцент в словах можуть відрізнятися, що робить мови розпізнаваними одна від одної.

RUSSIAN AND UKRAINIAN LANGUAGES

Russian and Ukrainian languages have many common features as they belong to the East Slavic language group. However, they also have historical, grammatical, and lexical differences that make them two distinct languages.

One of the main differences lies in the writing system. Ukrainian uses the Cyrillic alphabet, which consists of 33 letters, including six vowels and twenty consonant sounds. On the other hand, Russian also uses Cyrillic with 33 letters but with different sound values. For example, Ukrainian has the letter "и," which corresponds to the Russian letter "ы."

Grammar also differs between these two languages. Ukrainian has a more complex system of verb and adjective declension for numbers, genders, and cases. Russian has a simplified declension system and fewer grammatical rules.

Lexicon can also vary between these two languages. Although many words share a common root, Ukrainian has its unique words and expressions that are not used in Russian. Additionally, Ukrainian has more loanwords from other European languages, such as Polish and English.

Pronunciation can also differ between these two languages. For instance, Ukrainian has more sounds that are not found in Russian, such as the sound "ï". Moreover, intonation and accent in words can vary, making the languages recognizable from one another.

Культурний контекст також впливає на відмінності між російською та українською мовами. Українська мова більше пов'язана з українською культурою, літературою та історією, тоді як російська має свої власні культурні асоціації та літературну спадщину.

Необхідно відзначити, що ці різниці не роблять жодну з цих мов кращою або гіршою за іншу. Російська та українська мови мають свою власну історію, культуру та важливість для своїх носіїв.

Cultural context also influences the differences between Russian and Ukrainian. Ukrainian language is more closely associated with Ukrainian culture, literature, and history, while Russian has its own cultural associations and literary heritage.

It is important to note that these differences do not make one language superior or inferior to the other. Russian and Ukrainian have their own histories, cultures, and importance to their speakers.

Голосний - vowel
Согласний - consonant
Цілісний - integral
Запозичення - loanword
Вимова - pronunciation
Відмінювання - declension
Звуковий - sound-related

ДЕМОГРАФІЧНА СИТУАЦІЯ В УКРАЇНІ

Україна - це країна з багатою культурною та етнічною спадщиною, що відображається у її демографічних характеристиках. За даними останнього перепису населення, українське населення складає більшість країни, але Україна також є багатонаціональною державою.

За оцінками, українське населення становить приблизно 77-78% від загальної чисельності населення країни. Українці є основною етнічною групою в Україні, згідно з мовою та культурою. Українці мають глибокі історичні корені і спадщину, пов'язану зі своєю мовою, традиціями та обрядами.

Окрім українців, в Україні проживають різні етнічні групи. Найбільш численні з них - росіяни, білоруси, молдавани, поляки, татари, румуни, євреї та інші. Ці групи мають свою власну культуру, мову та традиції, які впливають на культурне багатство України.

Україна також є багатонаціональною в контексті мови. Українська є офіційною мовою країни, яку використовують у державних установах, освіті, медіа та інших сферах життя. Проте, російська мова також є широко поширеною та має статус регіональної мови, особливо в окремих регіонах з більшою російськомовною спільнотою.

Україна також є релігійно різноманітною країною. Більшість українців відносять себе до православ'я, зокрема Української православної церкви. Крім того, в Україні проживають інші християнські групи, такі як греко-католики, протестанти, римо-католики, а також представники інших релігій, включаючи єврейство та іслам.

DEMOGRAPHICS OF UKRAINE

Ukraine is a country with a rich cultural and ethnic heritage, which is reflected in its demographic characteristics. According to the latest population census, the Ukrainian population constitutes the majority of the country, but Ukraine is also a multinational state.

Estimates suggest that the Ukrainian population makes up approximately 77-78% of the total population. Ukrainians are the main ethnic group in Ukraine, defined by language and culture. Ukrainians have deep historical roots and heritage associated with their language, traditions, and customs.

In addition to Ukrainians, Ukraine is home to various ethnic groups. The most numerous among them are Russians, Belarusians, Moldovans, Poles, Tatars, Romanians, Jews, and others. These groups have their own cultures, languages, and traditions, which contribute to the cultural diversity of Ukraine.

Ukraine is also a multilingual country. Ukrainian is the official language of the country, used in government institutions, education, media, and other spheres of life. However, Russian is also widely spoken and has the status of a regional language, especially in regions with a larger Russian-speaking community.

Ukraine is also religiously diverse. The majority of Ukrainians identify with Orthodoxy, particularly the Ukrainian Orthodox Church. Additionally, Ukraine is home to other Christian groups such as Greek Catholics, Protestants, Roman Catholics, as well as representatives of other religions, including Judaism and Islam.

Демографічна ситуація в Україні також відображається на рівні населення міст та сіл. Більшість населення проживає у міських районах, зокрема у великих містах, таких як Київ, Харків, Львів та Одеса. Сільське населення складає меншу частку, але має свою власну специфіку, пов'язану з сільським господарством та сільським способом життя.

Україна є країною з різноманітним демографічним складом, який відображається у мові, культурі, релігії та інших аспектах життя. Ця різноманітність створює унікальне культурне багатство та сприяє розвитку багатогранних ідентичностей в Україні.

The demographic situation in Ukraine is also reflected in the urban-rural divide. The majority of the population resides in urban areas, particularly in major cities such as Kyiv, Kharkiv, Lviv, and Odessa. The rural population constitutes a smaller portion but has its own specificities associated with agriculture and rural ways of life.

Ukraine is a country with a diverse demographic composition, which is reflected in its language, culture, religion, and other aspects of life. This diversity creates a unique cultural richness and contributes to the development of multifaceted identities in Ukraine.

Чисельність - population
Спадщина - heritage
Мовлення - speech
Господарство - economic
Багатогранний - multifaceted
Сільська - rural
Перепис - census

ЕКОНОМІКА УКРАЇНИ

Економіка України є однією з найбільших в Східній Європі та має великий потенціал для розвитку. Вона базується на різноманітних секторах, таких як промисловість, сільське господарство, послуги та експорт.

Промисловість є важливою складовою частиною економіки України. Ключові галузі включають машинобудування, хімічну промисловість, важку промисловість та енергетику. Україна виробляє широкий спектр продукції, включаючи автомобілі, сталеві вироби, хімікати та електроенергію.

Сільське господарство також грає важливу роль у економіці країни. Україна є одним з провідних світових виробників зерна, соняшникової олії, цукру та інших сільськогосподарських продуктів. Країна має великі площі придатних для землеробства з родючими ґрунтами, що сприяє розвитку сільського господарства.

Сектор послуг також займає значне місце в економіці України. Це включає фінансові послуги, туризм, транспорт, інформаційні технології та інші сфери. Київ, столиця України, є важливим фінансовим та бізнес-центром країни.

Експорт є важливою складовою частиною економіки України. Країна експортує різноманітні товари, зокрема сталеві вироби, хімічні продукти, сільськогосподарські продукти, машини та обладнання. Важливими торговельними партнерами України є країни Європейського Союзу, Росія, Китай та інші.

THE ECONOMY OF UKRAINE

The economy of Ukraine is one of the largest in Eastern Europe and has great potential for development. It is based on diverse sectors such as industry, agriculture, services, and exports.

Industry plays a significant role in the Ukrainian economy. Key sectors include machinery manufacturing, chemical industry, heavy industry, and energy. Ukraine produces a wide range of products, including automobiles, steel products, chemicals, and electricity.

Agriculture also plays an important role in the country's economy. Ukraine is one of the world's leading producers of grains, sunflower oil, sugar, and other agricultural products. The country has vast areas suitable for farming with fertile soils, which contribute to the development of agriculture.

The services sector also occupies a significant place in Ukraine's economy. This includes financial services, tourism, transportation, information technology, and other spheres. Kyiv, the capital of Ukraine, is an important financial and business center of the country.

Exports are an important component of Ukraine's economy. The country exports various goods, including steel products, chemicals, agricultural products, machinery, and equipment. Ukraine's important trading partners include countries of the European Union, Russia, China, and others.

Однак, українська економіка також стикається з викликами. Корупція, недостатня транспарентність та недостатня реформа секторів є деякими з проблем, які треба вирішувати. Зусилля для поліпшення бізнес-клімату та привабливості для іноземних інвесторів є важливими завданнями для подальшого розвитку економіки.

Україна має значний потенціал для розвитку своєї економіки. Залучення інвестицій, розвиток інноваційних галузей, розширення міжнародних ринків та підтримка малого та середнього бізнесу є важливими факторами для досягнення стійкого економічного росту та підвищення рівня життя в Україні.

However, the Ukrainian economy also faces challenges. Corruption, lack of transparency, and insufficient sector reforms are some of the issues that need to be addressed. Efforts to improve the business climate and attract foreign investors are important tasks for further economic development.

Ukraine has significant potential for the growth of its economy. Attracting investments, developing innovative industries, expanding international markets, and supporting small and medium-sized businesses are crucial factors for achieving sustainable economic growth and improving the standard of living in Ukraine.

Провідний - leading
Підприємство - enterprise
Привабливість - attractiveness
Стійкий - sustainable
Життєвий рівень - standard of living
Залучення - attraction
Іноземний - foreign

ГЕОГРАФІЯ УКРАЇНИ

Географія України є різноманітною та захоплює широкий спектр природних ландшафтів. Розташована в Східній Європі, Україна межує з кількома країнами, включаючи Росію, Білорусь, Польщу, Словаччину, Угорщину, Румунію та Молдову.

Однією з найвизначніших природних особливостей України є її різноманітність ландшафтів. На півночі країни розташовані низовини та річкові долини. Це включає Поліську низовину та річки Дніпро, Дністер та Сян. У цих регіонах розташовані багаті сільськогосподарські землі.

На заході України розташовані Карпати - гірський ланцюг, що простягається через країну. Карпати славляться своєю красою та природними резерватами. Тут можна знайти гірські хребти, вершини, водоспади та озера. Цей регіон є популярним для туризму та зимових видів спорту.

На сході України розташована Донецька та Луганська області, які мають великі вугільні родовища. Ця область є важливим промисловим регіоном країни. Тут також розташована Сиваська степова зона, яка відома своєю різноманітною флорою та фауною.

Україна має також велике число річок та водойм. Найбільшою річкою є Дніпро, який протікає через країну з півночі на південь. Інші важливі річки включають Дністер, Дунай, Прип'ять та інші. Країна також має Чорне та Азовське моря, що забезпечують важливі морські порти та морську торгівлю.

THE GEOGRAPHY OF UKRAINE

The geography of Ukraine is diverse and encompasses a wide range of natural landscapes. Located in Eastern Europe, Ukraine shares borders with several countries, including Russia, Belarus, Poland, Slovakia, Hungary, Romania, and Moldova.

One of the most notable natural features of Ukraine is its landscape diversity. The northern regions of the country consist of lowlands and river valleys. This includes the Polissya Lowland and the rivers Dnipro, Dniester, and Sian. These regions are known for their rich agricultural lands.

In the western part of Ukraine, the Carpathian Mountains stretch across the country. The Carpathians are renowned for their beauty and natural reserves. Here, one can find mountain ranges, peaks, waterfalls, and lakes. This region is popular for tourism and winter sports.

In eastern Ukraine, the Donetsk and Luhansk regions are situated, known for their large coal deposits. This area is an important industrial region of the country. It is also home to the Sivash Steppe zone, famous for its diverse flora and fauna.

Ukraine is also abundant in rivers and water bodies. The largest river is the Dnipro, which flows through the country from north to south. Other important rivers include the Dniester, Danube, Pripyat, and others. The country is also bordered by the Black Sea and the Sea of Azov, providing important seaports and maritime trade.

Клімат України є помірним континентальним з помірною вологістю. Зими переважно холодні, з частими снігопадами, тоді як літа - теплі та сонячні. Кліматні умови варіюються в різних регіонах країни.

Географічне розташування України, різноманітність ландшафтів та природних ресурсів роблять її унікальною країною. Це сприяє розвитку туризму, сільського господарства, промисловості та інших сфер життя в Україні.

The climate of Ukraine is predominantly moderate continental with moderate humidity. Winters are usually cold with frequent snowfalls, while summers are warm and sunny. Climate conditions vary across different regions of the country.

The geographical location of Ukraine, the diversity of landscapes, and natural resources make it a unique country. This contributes to the development of tourism, agriculture, industry, and other spheres of life in Ukraine.

Ландшафт - landscape
Низовина - lowland
Вугільне родовище - coal deposit
Степова зона - steppe zone
Водойма - water body
Прип'ять - Pripyat River
Морський порт - seaport
Вологість - humidity
Снігопад - snowfall
Морська торгівля - maritime trade
Помірний - moderate
Зимові види спорту - winter sports
Гірський хребет - mountain range
Річкова долина - river valley
Площа - area

ДАВНІ ПОХОДЖЕННЯ УКРАЇНИ: СЛІДУЮЧИ ЗА РАННІМИ ЦИВІЛІЗАЦІЯМИ ТА КУЛЬТУРАМИ

Україна, сучасна країна з багатою історією та культурною спадщиною, має глибокі корені, що сягають до давніх часів. Вивчення ранніх цивілізацій та культур, що розквітали на цих землях, допомагає нам зрозуміти давні походження України.

Однією з найдавніших відомих цивілізацій, що з'явилися на території України, є трипільська культура. Ця цивілізація розквітала приблизно 5-4 тисячі років тому. Трипільська культура славилася своїми розкішними поселеннями, розвиненою керамікою та мистецтвом. Залишки їхніх поселень та обрядових місць, зокрема величезні трипільські печери, допомагають вивчити їхній спосіб життя та соціальну організацію.

Ще одна видатна культура, яка мала вплив на формування українських земель, - скіфська культура. Скіфи були племенем воїнів та великими конниками, які правили на півночі Чорного та Азовського морів. Вони відомі своїми золотими скарбами та виробництвом ювелірних виробів. Скіфські кургани та поховальні могили є свідченнями їхнього величного минулого.

Україна також була частиною Римської імперії. Римські поселення та фортеці, такі як Тіра, Ольвія та Херсонес Таврійський, були важливими пунктами на торгових маршрутах і привертали увагу римських дослідників та торговців. Ці поселення слугували центрами культури та торгівлі та сприяли культурному обміну між Римом та місцевими народами.

THE ANCIENT ORIGINS OF UKRAINE: TRACING THE EARLY CIVILIZATIONS AND CULTURES

Ukraine, a modern country with a rich history and cultural heritage, has deep roots that trace back to ancient times. Exploring the early civilizations and cultures that flourished on these lands helps us understand the ancient origins of Ukraine.

One of the earliest known civilizations that emerged on the territory of Ukraine is the Trypillian culture. This civilization thrived approximately 5,000-4,000 years ago. The Trypillian culture was renowned for its elaborate settlements, advanced ceramics, and art. Remains of their settlements and ritual sites, including vast Trypillian caves, provide insights into their way of life and social organization.

Another prominent culture that had an influence on the formation of Ukrainian lands is the Scythian culture. The Scythians were a warrior tribe and skilled horsemen who ruled over the northern Black Sea and Azov Sea regions. They were known for their golden treasures and the production of jewelry. Scythian burial mounds and tombs serve as evidence of their magnificent past.

Ukraine was also a part of the Roman Empire. Roman settlements and fortresses, such as Tyras, Olbia, and Chersonesus Taurica, were important points along trade routes and attracted Roman explorers and traders. These settlements served as centers of culture, trade, and facilitated cultural exchange between Rome and the local populations.

У 9-13 століттях Україна була частиною Київської Русі, де відбувалася розквіт культури та розвиток православ'я. Київська Русь була центром торгівлі, релігійного життя та літературної творчості. Легендарні споруди, такі як Софійський собор та Києво-Печерська лавра, є свідченнями цього періоду і до сьогодні є символами національної ідентичності.

Давні походження України мають багату історію та культурну спадщину, що впливають на сучасне життя та національну свідомість. Вивчення ранніх цивілізацій та культур України допомагає нам краще розуміти корені та розвиток сучасної української нації.

In the 9th to 13th centuries, Ukraine was part of the Kyivan Rus, a period characterized by cultural flourishing and the development of Orthodox Christianity. Kyivan Rus was a center of trade, religious life, and literary creativity. Legendary structures such as the Saint Sophia Cathedral and the Kyiv-Pechersk Lavra stand as witnesses to this period and remain symbols of national identity to this day.

The ancient origins of Ukraine have a rich history and cultural heritage that influence modern life and national consciousness. Studying the early civilizations and cultures of Ukraine helps us better understand the roots and development of the modern Ukrainian nation.

Спадщина - heritage
Розквіт - flourishing
Минулий - past
Походження - origins
Поселення - settlement
Експлоратор - explorer
Кінний - horse-riding
Курган - burial mound

ВПЛИВ КИЇВСЬКОЇ РУСІ: ВІДКРИТТЯ ЗОЛОТОГО ВІКУ УКРАЇНИ

Київська Русь, велична держава, що існувала у середньовіччі на території сучасної України та сусідніх країн, відіграла надзвичайно важливу роль у формуванні та розвитку України. Цей період історії, відомий як Золотий Вік Київської Русі, залишив глибокий слід на культурі, політиці, релігії та інших сферах життя Українського народу.

Під час Київської Русі, що тривала з 9-го по 13-й століття, Київ був столицею та політичним центром держави. Князі Київської Русі забезпечували її процвітання та вплив на землі Східної Європи. Вони розширювали територію держави, встановлювали дипломатичні зв'язки з іншими країнами та розвивали торгівлю.

Золотий Вік Київської Русі також відомий своїм релігійним значенням. У 988 році, князь Володимир Великий прийняв хрещення та впровадив християнство як державну релігію. Це було визначним подією, яке вплинуло на всю подальшу історію та культуру України. Київська Русь стала центром православного християнства, а Софійський собор у Києві став символом релігійної ідентичності.

У цей період розвитку Київської Русі на землях сучасної України було створено видатні твори літератури та мистецтва. Книжництво та книжкове мистецтво розквітали, і з'явилися такі шедеври, як "Слово о полку Ігоревім".

THE IMPACT OF KYIVAN RUS: EXPLORING THE GOLDEN AGE OF UKRAINE

Kyivan Rus, a magnificent state that existed during the Middle Ages on the territory of modern Ukraine and neighboring countries, played an incredibly important role in the formation and development of Ukraine. This period of history, known as the Golden Age of Kyivan Rus, left a profound impact on the culture, politics, religion, and other spheres of Ukrainian life.

During Kyivan Rus, which lasted from the 9th to the 13th centuries, Kyiv served as the capital and political center of the state. The princes of Kyivan Rus ensured its prosperity and influence over the lands of Eastern Europe. They expanded the territory of the state, established diplomatic relations with other countries, and developed trade.

The Golden Age of Kyivan Rus is also renowned for its religious significance. In 988, Prince Volodymyr the Great adopted Christianity and introduced it as the state religion. This was a significant event that influenced the entire subsequent history and culture of Ukraine. Kyivan Rus became the center of Orthodox Christianity, and the Saint Sophia Cathedral in Kyiv became a symbol of religious identity.

During this period of Kyivan Rus' development, remarkable literary and artistic works were created on the lands of modern Ukraine. Literature and book art flourished, giving rise to masterpieces such as "The Tale of Igor's Campaign."

Золоті прикраси, іконопис та інші форми мистецтва розвивалися і стали частинами національної спадщини.

Київська Русь також збагатила українську мову та літературу. За часів Ярослава Мудрого, були засновані перші школи та монастирі, де здійснювалося навчання та письменство. Літописи, літургічні тексти та інші документи стали основою української писемності.

Вплив Київської Русі на формування української ідентичності і культури є непересічним. Золотий Вік Київської Русі залишив постійні сліди, які ми можемо побачити й почути і дотепер. Вивчення цього періоду історії допомагає нам краще розуміти багатогранність та багатство української культури та її коріння.

Golden jewelry, icon painting, and other forms of art thrived and became part of the national heritage.

Kyivan Rus also enriched the Ukrainian language and literature. During the time of Yaroslav the Wise, the first schools and monasteries were founded, where education and literacy were fostered. Chronicles, liturgical texts, and other documents became the foundation of Ukrainian written language.

The impact of Kyivan Rus on the formation of Ukrainian identity and culture is exceptional. The Golden Age of Kyivan Rus left lasting traces that we can see and hear to this day. Exploring this period of history helps us better understand the diversity and richness of Ukrainian culture and its roots.

Процвітання - prosperity
Мистецтво - art
Іконопис - icon painting
Літопис - chronicle
Письменство - literacy
Багатогранність - diversity

КОЗАЦЬКА УКРАЇНА: РОЛЬ КОЗАКІВ У УКРАЇНСЬКІЙ ІСТОРІЇ ТА СУСПІЛЬСТВІ

Козацтво має особливе місце в історії та культурі України. Козаки, військовий стан, що існував у XV-XVIII століттях, грали важливу роль у розвитку та захисті української національної ідеї. Вивчення ролі козаків у козацькій Україні допомагає нам краще зрозуміти їх вплив на українську історію та суспільство.

Перші козаки з'явилися на початку XV століття як самооборонні формування українського народу. Вони були воїнами, що об'єдналися в боротьбі за свободу та незалежність. Козаки стали символами сміливості, незламності та патріотизму.

Козаки грали ключову роль у боротьбі за українську державність. Під проводом видатних гетьманів, таких як Богдан Хмельницький та Іван Мазепа, козаки вели війни проти польської та московської окупації. Козацькі повстання, такі як Хмельницьке повстання, стали важливими етапами у боротьбі за національну свободу.

Козаки також внесли великий внесок у культурне життя України. Вони були не тільки військовою силою, але й носіями української національної ідентичності. Козацькі хори, традиційна музика, танці та спортивні змагання, такі як стрільба з лука та верхова їзда, стали невід'ємною частиною козацької культури.

Суспільна організація козацтва була відкритою та демократичною. Козаки обирали своїх лідерів, гетьманів, через громадські збори.

COSSACK UKRAINE: THE ROLE OF COSSACKS IN UKRAINIAN HISTORY AND SOCIETY

Cossackhood holds a special place in the history and culture of Ukraine. Cossacks, a military estate that existed from the 15th to the 18th centuries, played a significant role in the development and defense of the Ukrainian national idea. Exploring the role of Cossacks in Cossack Ukraine helps us better understand their impact on Ukrainian history and society.

The first Cossacks emerged in the early 15th century as self-defense formations of the Ukrainian people. They were warriors who united in the struggle for freedom and independence. Cossacks became symbols of bravery, resilience, and patriotism.

Cossacks played a crucial role in the fight for Ukrainian statehood. Led by outstanding hetmans such as Bohdan Khmelnytsky and Ivan Mazepa, the Cossacks waged wars against Polish and Muscovite occupation. Cossack uprisings, such as the Khmelnytsky Uprising, became important stages in the struggle for national freedom.

Cossacks also made significant contributions to the cultural life of Ukraine. They were not only a military force but also bearers of Ukrainian national identity. Cossack choirs, traditional music, dances, and sports competitions like archery and horsemanship became integral parts of Cossack culture.

The social organization of Cossacks was open and democratic. Cossacks elected their leaders, hetmans, through popular assemblies.

Козацька сотня була основною одиницею організації, де козаки спільно приймали рішення та виконували військові завдання.

Проте, згодом козацька державність зазнала неприємних впливів з боку великих сусідніх держав. Втративши свою незалежність, козаки стали розпорошеними та розсіяними. Проте, їх внесок в українську історію та культуру залишився невицінним.

Сьогодні козацтво продовжує бути символом героїзму та патріотизму для українського народу. Козацькі традиції, які передаються з покоління в покоління, продовжують жити в серцях українців та надихати їх на великі діла.

Козацька Україна залишається невід'ємною частиною національного спадщини України. Її вплив на історію та суспільство України надзвичайно значимий, підкреслюючи силу та дух українського народу.

The Cossack "sotnia" (hundred) served as the primary unit of organization where Cossacks made collective decisions and carried out military tasks.

However, Cossack statehood later faced unfavorable influences from neighboring great powers. Losing their independence, the Cossacks became dispersed and scattered. Nevertheless, their contribution to Ukrainian history and culture remains invaluable.

Today, Cossackhood continues to be a symbol of heroism and patriotism for the Ukrainian people. Cossack traditions, passed down from generation to generation, continue to live in the hearts of Ukrainians, inspiring them for great deeds.

Cossack Ukraine remains an integral part of Ukraine's national heritage. Its impact on Ukrainian history and society is profoundly significant, underscoring the strength and spirit of the Ukrainian people.

Козацтво - Cossackhood
Видатний - outstanding
Гетьман - hetman (Cossack leader)
Незалежність - independence
Громадський - popular
Сотня - hundred (Cossack unit)
Розпорошений - dispersed
Розсіяний - scattered
Сміливість - bravery

ПРОБУДЖЕННЯ УКРАЇНСЬКОЇ НАЦІОНАЛЬНОЇ СВІДОМОСТІ: КУЛЬТУРНЕ ТА ПОЛІТИЧНЕ ВІДРОДЖЕННЯ У XIX СТОЛІТТІ

У XIX столітті в Україні відбувся великий рух пробудження національної свідомості, який відіграв важливу роль у відродженні української культури та політичної сфери. Цей період, відомий як українське національне пробудження, змінив українську ідентичність та сприяв розвитку національного самосвідомості.

У цей час почалося інтенсивне вивчення та збереження української мови, літератури та історії. Видатні постаті, такі як Іван Франко, Тарас Шевченко та Леся Українка, внесли значний внесок у розвиток української літератури, поезії та прози. Вони пропагували національну свідомість та підтримували ідею української самостійності.

Українське національне пробудження також підтримувалося розвитком української преси та видавництв. Заснування газет, журналів та книжкових видавництв стало важливим кроком у поширенні української культури та посиленні національного самовизначення.

Культурне пробудження українського народу також сприяло формуванню національно-політичного руху. Народні громади, політичні організації та таємні товариства виникли з метою захисту та сприяння українським національним інтересам.

THE UKRAINIAN NATIONAL AWAKENING: CULTURAL AND POLITICAL REVIVAL IN THE 19TH CENTURY

In the 19th century, Ukraine experienced a significant movement of national awakening that played a crucial role in the revival of Ukrainian culture and the political sphere. This period, known as the Ukrainian National Awakening, transformed Ukrainian identity and contributed to the development of national self-consciousness.

During this time, there was an intensive study and preservation of the Ukrainian language, literature, and history. Prominent figures such as Ivan Franko, Taras Shevchenko, and Lesya Ukrainka made significant contributions to the development of Ukrainian literature, poetry, and prose. They propagated national consciousness and supported the idea of Ukrainian independence.

The Ukrainian National Awakening was also supported by the development of Ukrainian press and publishing. The establishment of newspapers, magazines, and book publishers became a crucial step in disseminating Ukrainian culture and strengthening national self-determination.

The cultural awakening of the Ukrainian people also led to the formation of the national-political movement. People's communities, political organizations, and secret societies emerged with the goal of protecting and promoting Ukrainian national interests.

Розумники, такі як Михайло Драгоманов, Михайло Максимович та Іван Вагилевич, активно працювали над створенням ідеологічних концепцій та політичних програм для національного руху.

Українське національне пробудження привернуло увагу світової спільноти до проблем українського народу. Західні вчені та політики, такі як Мирослав Січинський та Іван Франко, висвітлювали ситуацію в Україні та виступали на захист прав українців. Це допомогло налагодити культурний та політичний діалог між Україною та іншими країнами.

Українське національне пробудження мало далекосяжний вплив на подальший розвиток України. Воно покладало основу для формування сучасної української державності та національної ідентичності. Цей період історії залишає невід'ємний слід у серцях українського народу та нагадує нам про важливість збереження та розвитку української культури та національних цінностей.

Intellectuals such as Mykhailo Drahomanov, Mykhailo Maksymovych, and Ivan Vahylevych actively worked on creating ideological concepts and political programs for the national movement.

The Ukrainian National Awakening attracted the attention of the international community to the issues faced by the Ukrainian people. Western scholars and politicians, such as Myroslav Sichynskyi and Ivan Franko, highlighted the situation in Ukraine and advocated for the rights of Ukrainians. This helped to establish cultural and political dialogue between Ukraine and other countries.

The Ukrainian National Awakening had a far-reaching impact on the further development of Ukraine. It laid the foundation for the formation of modern Ukrainian statehood and national identity. This period of history leaves an indelible mark in the hearts of the Ukrainian people and reminds us of the importance of preserving and developing Ukrainian culture and national values.

Пробудження - awakening
Свідомість - consciousness
Відродження - revival
Видавництво - publishing
Громада - community
Товариство - society
Самовизначення - self-determination
Захист - protection
Спільнота - community
Міжнародний - international
Вчений - scholar
Виступати - advocate

ГОЛОДОМОР: РОЗУМІННЯ ГЕНОЦИДУ ГОЛОДУ 1932-1933 РОКІВ

Голодомор 1932-1933 років в Україні був одним з найтрагічніших періодів в історії українського народу. Це була систематично організована та штучно створена шляхом конфіскації зерна та продуктів харчування трагедія, яка призвела до масового голоду та смерті мільйонів людей. Розуміння Голодомору допомагає нам згадати тих, хто страждав та загинув, і працювати над запобіганням таких трагедій у майбутньому.

Голодомор 1932-1933 років був спланованим актом геноциду з боку радянської влади. Заходи, які вживалися, спрямовувалися на позбавлення українського народу продовольства та пригноблення його національної свідомості. Конфіскація зерна, насильне колективізація сільського господарства, заборона переміщення харчових продуктів та блокування доступу до допомоги були засобами знищення українського селянства.

Масштаби Голодомору були надзвичайно великими. Мільйони людей, особливо на селі, зазнали великої нужди, голоду та хвороб. Сім'ї розпадалися, діти та дорослі померли від недоїдання. Голодомор став перепоною на шляху розвитку українського народу, призвів до масової еміграції та втрати культурного багатства.

Протягом багатьох років Голодомор був приховуваний радянською пропагандою, інформація про цю трагедію була засекречена.

THE HOLODOMOR: UNDERSTANDING THE FAMINE-GENOCIDE OF 1932-1933

The Holodomor of 1932-1933 in Ukraine was one of the most tragic periods in the history of the Ukrainian people. It was a systematically organized and artificially created tragedy through grain confiscation and food deprivation, leading to mass hunger and the death of millions of people. Understanding the Holodomor helps us remember those who suffered and perished, and work towards preventing such tragedies in the future.

The Holodomor of 1932-1933 was a planned act of genocide by the Soviet authorities. The measures taken were aimed at depriving the Ukrainian people of food and suppressing their national consciousness. Grain confiscation, forced collectivization of agriculture, restrictions on food movement, and blocking access to assistance were means of destroying the Ukrainian peasantry.

The scale of the Holodomor was immense. Millions of people, especially in rural areas, experienced immense hardship, hunger, and disease. Families were torn apart, and children and adults perished from malnutrition. The Holodomor became a barrier to the development of the Ukrainian people, leading to mass emigration and the loss of cultural wealth.

For many years, the Holodomor was concealed by Soviet propaganda, and information about this tragedy was classified.

Однак, завдяки свідченням виживших, архівним документам та дослідженням істориків, правда про Голодомор почала виходити на поверхню. Визнання Голодомору як геноциду стало важливим кроком у боротьбі за визнання правди та шанування пам'яті жертв.

Розуміння Голодомору є необхідним для нас, як нації. Воно допомагає вшановувати пам'ять мільйонів людей, які померли від голоду, та виявляти повагу до тих, хто вижив та зміг відновити національну ідентичність. Запам'ятовування Голодомору також нагадує нам про важливість прав людини, свободи та незалежності, а також про необхідність попередження подібних злочинів у майбутньому.

Голодомор 1932-1933 років відіграв визначну роль у визначенні сучасної історії та свідомості українського народу. Розуміння цієї трагедії допомагає нам ніколи не забувати про тих, хто постраждав, та працювати над створенням світу, де подібні злочини не повторяться.

However, thanks to the testimonies of survivors, archival documents, and the research of historians, the truth about the Holodomor began to emerge. The recognition of the Holodomor as a genocide became an important step in the fight for truth and honoring the memory of the victims.

Understanding the Holodomor is essential for us as a nation. It helps us honor the memory of the millions who died from hunger and show respect for those who survived and managed to restore their national identity. Remembering the Holodomor also reminds us of the importance of human rights, freedom, and independence, as well as the need to prevent similar crimes in the future.

The Holodomor of 1932-1933 played a significant role in shaping the modern history and consciousness of the Ukrainian people. Understanding this tragedy helps us never forget those who suffered and work towards creating a world where such crimes will never be repeated.

Харчування - nourishment
Пригноблення - oppression
Засекречений - classified
Свідчення - testimonies
Втрата - loss
Повага - respect
Права людини - human rights
Злочин - crime
Запобігання - prevention
Постраждалі - victims
Визнання - recognition
Свідомість - consciousness

ДРУГА СВІТОВА ВІЙНА І УКРАЇНА: ОКУПАЦІЯ, ОПІР ТА УКРАЇНСЬКА ПОВСТАНСЬКА АРМІЯ

Друга світова війна мала великий вплив на Україну і стала одним з найтрагічніших періодів її історії. Україна була окупована нацистськими та радянськими військами, що призвело до масових репресій, геноциду і жорстокості. Проте, український народ не прогнувся перед ворогом, і відбувався активний опір. Українська Повстанська Армія (УПА) стала силою, що боролася за незалежність України та відновлення національного державного суверенітету.

Окупація України почалася в 1941 році, коли нацистська Німеччина захопила значну частину території. Багато українців потрапили під режим нацистського терору, стали жертвами репресій і геноциду. Разом з тим, українські націоналісти та повстанці стали активними учасниками опору. Вони організовували саботажі, підпілля та бойові дії проти окупантів.

У 1944 році радянські війська розпочали контрнаступ і повернули значну частину території під свій контроль. Проте, це не зупинило боротьбу українського народу за свободу. УПА була сформована з метою визволення України від окупації та відновлення незалежної держави. Повстанці вели активну бойову діяльність проти радянських сил і прокладали шлях до національної самостійності.

Боротьба УПА була нелегкою, оскільки повстанці стикалися з переважаючими силами ворога.

WORLD WAR II AND UKRAINE: OCCUPATION, RESISTANCE, AND THE UKRAINIAN INSURGENT ARMY

World War II had a significant impact on Ukraine and became one of the most tragic periods in its history. Ukraine was occupied by Nazi and Soviet forces, leading to mass repression, genocide, and cruelty. However, the Ukrainian people did not succumb to the enemy and actively resisted. The Ukrainian Insurgent Army (UIA) emerged as a force fighting for Ukraine's independence and the restoration of national sovereignty.

The occupation of Ukraine began in 1941 when Nazi Germany seized a significant portion of its territory. Many Ukrainians fell under the regime of Nazi terror, becoming victims of repression and genocide. Simultaneously, Ukrainian nationalists and insurgents became active participants in the resistance. They organized sabotage, underground movements, and combat actions against the occupiers.

In 1944, Soviet forces launched a counteroffensive and regained control over a significant part of the territory. However, this did not halt the Ukrainian people's fight for freedom. The UIA was formed with the goal of liberating Ukraine from occupation and restoring an independent state. The insurgents engaged in active combat against Soviet forces, paving the way for national self-determination.

The struggle of the UIA was not easy as they faced overwhelming enemy forces.

Однак, вони продовжували боротися, захищаючи українську національну ідею та відстоюючи право на власну державність. Опір УПА тривав аж до середини 1950-х років, коли було припинено активні бойові дії. Проте, дух повстанців та ідеал незалежної України залишалися живими серед українського народу.

Після закінчення Другої світової війни Україна залишилася під контролем радянського режиму, і багато повстанців стали жертвами політичних репресій. Однак, дух опору та бажання незалежності ніколи не згасли серед українського народу, і це поклав основу для подальшої боротьби за свободу та державність.

Роль УПА у боротьбі за незалежність та її вплив на українську історію та суспільство неможливо переоцінити. Це були героїчні часи, коли український народ доказав свою волю та готовність жертвувати для відновлення своєї незалежності.

Nonetheless, they continued to fight, defending the Ukrainian national idea and upholding the right to their own statehood. The resistance of the UIA persisted until the mid-1950s when active combat operations ceased. However, the spirit of the insurgents and the ideal of an independent Ukraine remained alive among the Ukrainian people.

After the end of World War II, Ukraine remained under the control of the Soviet regime, and many insurgents fell victim to political repression. However, the spirit of resistance and the desire for independence never waned among the Ukrainian people, laying the foundation for further struggles for freedom and statehood.

The role of the UIA in the fight for independence and its impact on Ukrainian history and society cannot be overstated. It was a heroic time when the Ukrainian people demonstrated their will and willingness to sacrifice for the restoration of their independence.

Жорстокість - cruelty
Повстанець - insurgent
Бойові дії - combat actions
Контрнаступ - counteroffensive
Самостійність - independence
Державний суверенітет - national sovereignty
Жертвувати - to sacrifice
Визволення - liberation
Незалежність - freedom
Політична боротьба - political struggle
Подальша - further

ЧОРНОБИЛЬСЬКА КАТАСТРОФА: ЕКОЛОГІЧНІ ТА СОЦІАЛЬНІ НАСЛІДКИ В УКРАЇНІ

Чорнобильська катастрофа, яка сталася 26 квітня 1986 року, вважається однією з найбільших техногенних катастроф в історії людства. Ця аварія на Чорнобильській АЕС в Україні мала серйозні екологічні та соціальні наслідки, які вплинули на життя людей, навколишнє середовище та майбутні покоління.

Після вибуху реактора на Чорнобильській АЕС, радіоактивні речовини широко розповсюдилися у повітрі та на землі. Багато населених територій, включаючи міста та села, були радіоактивно забруднені. Тисячі людей були евакуйовані зі своїх домівок, а зони відчуження були встановлені для обмеження доступу до радіоактивно забруднених районів.

Наслідки Чорнобильської катастрофи були відчутні на здоров'ї людей. Багато людей, які були піддані високим дозам радіації, стали жертвами радіаційного захворювання, такого як рак, захворювання щитовидної залози та інші серйозні хвороби. Соціальні наслідки також були значними, включаючи економічні втрати, евакуацію населення та зміни в соціальній структурі забруднених районів.

Чорнобильська катастрофа також мала серйозний вплив на довкілля. Радіоактивні речовини проникли в ґрунт, водойми та рослини, що призвело до забруднення природних ресурсів. Екосистеми були пошкоджені, а багато видів рослин і тварин стали жертвами радіаційного впливу.

THE CHORNOBYL DISASTER: ENVIRONMENTAL AND SOCIAL CONSEQUENCES IN UKRAINE

The Chornobyl disaster, which occurred on April 26, 1986, is considered one of the largest man-made disasters in human history. This accident at the Chornobyl Nuclear Power Plant in Ukraine had significant environmental and social consequences that affected people's lives, the environment, and future generations.

After the reactor explosion at the Chornobyl Nuclear Power Plant, radioactive substances spread widely in the air and on the ground. Many populated areas, including cities and villages, were contaminated with radiation. Thousands of people were evacuated from their homes, and exclusion zones were established to restrict access to radiation-contaminated areas.

The consequences of the Chornobyl disaster were felt in people's health. Many individuals exposed to high doses of radiation became victims of radiation-related illnesses such as cancer, thyroid diseases, and other serious conditions. The social consequences were also significant, including economic losses, population evacuations, and changes in the social structure of contaminated areas.

The Chornobyl disaster also had a serious impact on the environment. Radioactive substances penetrated the soil, water bodies, and plants, resulting in the contamination of natural resources. Ecosystems were damaged, and many plant and animal species became victims of radiation exposure.

Україна продовжує займатися відновленням районів, постраждалих від Чорнобильської катастрофи. Були впроваджені заходи для зменшення радіаційного впливу та відновлення екологічної стійкості. Крім того, проводяться дослідження та моніторинг, щоб зрозуміти довготривалий вплив катастрофи на людей і довкілля.

Чорнобильська катастрофа є нагадуванням про важливість безпеки та відповідального використання ядерної енергії. Ця трагедія показала наслідки недбалого поводження з ядерними матеріалами та важливість міжнародного співробітництва у галузі ядерної безпеки.

Чорнобильська катастрофа залишає невимовний слід у серцях українського народу. Вона нагадує нам про уразливість нашої планети та потребу захищати природу і здоров'я людей.

Ukraine continues to engage in the restoration of the areas affected by the Chornobyl disaster. Measures have been implemented to reduce radiation impact and restore ecological stability. Additionally, research and monitoring are being conducted to understand the long-term effects of the catastrophe on humans and the environment.

The Chornobyl disaster serves as a reminder of the importance of safety and responsible use of nuclear energy. This tragedy highlighted the consequences of negligent handling of nuclear materials and the significance of international cooperation in nuclear safety.

The Chornobyl disaster leaves an indelible mark in the hearts of the Ukrainian people. It reminds us of the vulnerability of our planet and the need to protect nature and human health.

Забруднення - contamination
Радіаційний - radiation-related
Високі дози - high doses
Відчуження - exclusion
Ядерна енергія - nuclear energy
Екологічна стійкість - ecological stability
Недбале поводження - negligent handling
Міжнародне співробітництво - international cooperation
Уразливість - vulnerability
Людське здоров'я - human health
Техногенний - man-made

ПОМАРАНЧЕВА РЕВОЛЮЦІЯ: РОЛЬ ГРОМАДЯНСЬКОГО СУСПІЛЬСТВА У ФОРМУВАННІ ПОЛІТИЧНОГО ЛАНДШАФТУ УКРАЇНИ

Помаранчева революція, яка відбулася в Україні в 2004 році, стала визначним подією в історії країни та символом активної участі громадянського суспільства у політичному процесі. Ця революція відіграла важливу роль у формуванні політичного ландшафту України та зміні політичного курсу країни.

Помаранчева революція була спровокована протестами після президентських виборів 2004 року, які викликали серйозні сумніви щодо їхньої чесності та прозорості. Тисячі людей, об'єднані під гаслами свободи, демократії та чесних виборів, вийшли на вулиці в центральних містах України, включаючи Київ, Львів та Харків.

Головною рисою Помаранчевої революції була активна роль громадянського суспільства. Громадянські активісти, студенти, інтелектуали, політичні діячі та звичайні громадяни долучилися до масових протестів та мирних акцій цивільного непокори. Вони вимагали відновлення справедливості, демократії та реформ в країні.

Головним символом Помаранчевої революції стали лідери опозиції Віктор Ющенко та Юлія Тимошенко, які об'єднали свої сили та змогли мобілізувати підтримку громадян. Ці лідери стали обличчями руху, який виступав проти системи, корупції та авторитаризму.

THE ORANGE REVOLUTION: THE ROLE OF CIVIL SOCIETY IN SHAPING UKRAINE'S POLITICAL LANDSCAPE

The Orange Revolution, which took place in Ukraine in 2004, was a landmark event in the country's history and a symbol of active civil society participation in the political process. This revolution played a crucial role in shaping Ukraine's political landscape and altering the country's political course.

The Orange Revolution was sparked by protests following the 2004 presidential elections, which raised serious doubts about their fairness and transparency. Thousands of people, united under the banners of freedom, democracy, and fair elections, took to the streets in central cities of Ukraine, including Kyiv, Lviv, and Kharkiv.

The key feature of the Orange Revolution was the active role of civil society. Civil activists, students, intellectuals, political figures, and ordinary citizens joined in mass protests and peaceful acts of civil disobedience. They demanded justice, democracy, and reforms in the country.

The main figures of the Orange Revolution were opposition leaders Viktor Yushchenko and Yulia Tymoshenko, who united their forces and were able to mobilize citizen support. These leaders became the faces of the movement that stood against the system, corruption, and authoritarianism.

Помаранчева революція завершилася перемогою опозиції та переглядом результатів президентських виборів. Віктор Ющенко став новообраним президентом України, а Юлія Тимошенко стала прем'єр-міністром. Це привело до змін в політичному ландшафті країни та посилення ролі громадянського суспільства у політичному процесі.

Помаранчева революція відіграла важливу роль у розвитку демократії та становленні громадянського суспільства в Україні. Вона показала, що активна участь громадян може мати суттєвий вплив на політичні процеси та зміну політичного курсу країни. Помаранчева революція стала натхненням для подальших рухів громадянського суспільства та підкреслила важливість громадської активності у формуванні демократичного суспільства.

The Orange Revolution concluded with the victory of the opposition and a review of the presidential election results. Viktor Yushchenko became the newly elected President of Ukraine, and Yulia Tymoshenko became the Prime Minister. This led to changes in the country's political landscape and strengthened the role of civil society in the political process.

The Orange Revolution played a significant role in the development of democracy and the establishment of civil society in Ukraine. It demonstrated that active citizen participation can have a substantial impact on political processes and change the country's political course. The Orange Revolution served as an inspiration for further civil society movements and emphasized the importance of civic engagement in shaping a democratic society.

Громадянське суспільство - civil society
Перегляд - review
Гасло - slogan
Непокора - disobedience
Вибори - elections
Чесність - fairness
Прозорість - transparency
Громадська активність - civic engagement

ЄВРОМАЙДАН ТА УКРАЇНСЬКА КРИЗА: ПРОТЕСТИ, КОНФЛІКТ ТА ГЕОПОЛІТИЧНІ НАСЛІДКИ

Євромайдан, що розпочався у листопаді 2013 року в Україні, став визначною подією в історії країни та мав серйозні наслідки, які вплинули на політичний, соціальний та геополітичний ландшафт України.

Євромайдан був ініційований масовими протестами проти рішення уряду відмовитися від підписання Угоди про асоціацію з Європейським Союзом. Тисячі українців з'їхалися до Києва та інших міст, щоб висловити свою підтримку європейським цінностям, демократії та протестувати проти корупції та авторитаризму.

Протести на Майдані Незалежності набули масового характеру, з протестувальниками, які вимагали змін у політичній системі, відставки уряду та президента. У сутичках з правоохоронними органами загинуло багато людей, інших було поранено або заарештовано. Протести перетворилися на конфлікт, що загострився, і привів до подальших насильницьких подій.

Українська криза, пов'язана з Євромайданом, спричинила значні зміни в політичному ландшафті країни. Президент Віктор Янукович був змушений покинути посаду, а новий уряд був сформований. Однак, криза привернула увагу Російської Федерації, яка анексувала Крим і підтримала виникнення збройних силеповстанських груп на сході України.

Конфлікт на сході України привів до втрати територій, втрати людських життів та гуманітарної катастрофи.

EUROMAIDAN AND THE UKRAINIAN CRISIS: PROTESTS, CONFLICT, AND GEOPOLITICAL IMPLICATIONS

Euromaidan, which began in November 2013 in Ukraine, became a significant event in the country's history and had profound consequences that impacted Ukraine's political, social, and geopolitical landscape.

Euromaidan was initiated by mass protests against the government's decision to abandon the signing of the Association Agreement with the European Union. Thousands of Ukrainians gathered in Kyiv and other cities to express their support for European values, democracy, and to protest against corruption and authoritarianism.

The protests on Maidan Nezalezhnosti (Independence Square) gained mass momentum, with demonstrators demanding changes in the political system, the resignation of the government and the president. Clashes with law enforcement resulted in numerous deaths, injuries, and arrests. The protests transformed into a conflict that escalated and led to further violent events.

The Ukrainian crisis associated with Euromaidan brought significant changes to the country's political landscape. President Viktor Yanukovych was forced to leave office, and a new government was formed. However, the crisis drew the attention of the Russian Federation, which annexed Crimea and supported the emergence of armed separatist groups in eastern Ukraine.

The conflict in eastern Ukraine resulted in territorial losses, loss of lives, and a humanitarian catastrophe.

Міжнародні спільноти засуджували агресію та встановили санкції проти Росії. Україна була змушена змінити свій геополітичний курс та шукати підтримку від Західних країн та міжнародних організацій.

Геополітичні наслідки Євромайдану виявилися значними. Україна підтвердила свої європейські амбіції та протистояння російській агресії. Велика увага була приділена розвитку демократії, реформам та боротьбі з корупцією. Країни-партнери та міжнародні організації надали фінансову та політичну підтримку Україні.

Євромайдан став важливою сторінкою в історії України, що підкреслила важливість демократії, громадянського активізму та мирного протесту. Він показав готовність українського народу захищати свої права та демократичні цінності незалежно від викликів, з якими вони зіткнулися.

The international community condemned the aggression and imposed sanctions against Russia. Ukraine had to shift its geopolitical course and seek support from Western countries and international organizations.

The geopolitical implications of Euromaidan were substantial. Ukraine reaffirmed its European aspirations and resistance to Russian aggression. Significant attention was given to the development of democracy, reforms, and the fight against corruption. Partner countries and international organizations provided financial and political support to Ukraine.

Euromaidan became an important chapter in Ukraine's history, underscoring the importance of democracy, civil activism, and peaceful protest. It demonstrated the Ukrainian people's readiness to defend their rights and democratic values regardless of the challenges they faced.

Виникнення - emergence
Силеповстанські - armed separatist
Уряд - government
Вимоги - demands
Події - events
Перемога - victory
Протистояння - resistance

УКРАЇНСЬКА НЕЗАЛЕЖНІСТЬ: ВІД РАДЯНСЬКОГО СОЮЗУ ДО СУЧАСНОЇ ДЕРЖАВИ УКРАЇНА

Процес становлення української незалежності був складним та багатогранним. Після розпаду Радянського Союзу у 1991 році Україна оголосила свою незалежність, ставши самостійною державою. Це було визначним моментом в історії країни, що відкрило нові можливості та виклики для українського народу.

Перехід до незалежності був супроводжений рядом викликів і перепитій. Україна стикнулася з економічними, політичними та соціальними проблемами, що виникли внаслідок розпаду колишнього радянського блоку. Однак, незважаючи на ці виклики, Україна змогла зберегти свою територіальну цілісність та визначити свій курс до побудови демократичної держави.

У перших роках незалежності, Україна провела реформи з метою переходу до ринкової економіки та побудови демократичних інститутів. Країна розпочала процес декомунізації, змінила свою політичну систему та здійснила кроки для забезпечення громадянських свобод і прав людини.

Україна також стикалася з геополітичними викликами. З одного боку, країна прагнула розбудувати стійкі відносини з країнами Європейського Союзу та підтримувати свою європейську інтеграцію. З іншого боку, вона знаходилася у складних відносинах з Російською Федерацією, яка використовувала різні інструменти для впливу на Україну.

UKRAINIAN INDEPENDENCE: FROM THE SOVIET UNION TO THE MODERN UKRAINIAN STATE

The process of Ukrainian independence was complex and multifaceted. After the dissolution of the Soviet Union in 1991, Ukraine declared its independence, becoming a sovereign state. This was a significant moment in the country's history, opening new opportunities and challenges for the Ukrainian people.

The transition to independence was accompanied by a series of challenges and uncertainties. Ukraine faced economic, political, and social issues arising from the collapse of the former Soviet bloc. However, despite these challenges, Ukraine managed to preserve its territorial integrity and chart its course toward building a democratic state.

In the early years of independence, Ukraine pursued reforms to transition to a market economy and establish democratic institutions. The country embarked on a process of decommunization, changed its political system, and took steps to ensure civil liberties and human rights.

Ukraine also faced geopolitical challenges. On one hand, the country sought to build strong relations with European Union countries and pursue its European integration. On the other hand, it found itself in complex relations with the Russian Federation, which utilized various means to exert influence on Ukraine.

Сучасна держава Україна продовжує робити кроки у напрямку європейської інтеграції та реформ. Країна зосереджується на розвитку демократичних інститутів, зміцненні прав людини, боротьбі з корупцією та поліпшенні економічного стану.

Незалежність України стала символом боротьби за свободу, самовизначення та національний ідентичності. Український народ проявив свою силу та вольовість, щоб стати господарем своєї долі та будувати майбутнє своєї країни.

За час своєї незалежності, Україна зазнала випробувань та перемог. Країна продовжує рости, розвиватися та боротися за свої цінності, щоб стати сильною та процвітаючою нацією у сучасному світі.

The modern Ukrainian state continues to take steps toward European integration and reforms. The country focuses on developing democratic institutions, strengthening human rights, combating corruption, and improving the economic situation.

Ukrainian independence has become a symbol of the struggle for freedom, self-determination, and national identity. The Ukrainian people have demonstrated their strength and determination to become masters of their own destiny and build the future of their country.

During its period of independence, Ukraine has faced trials and victories. The country continues to grow, develop, and fight for its values to become a strong and prosperous nation in the modern world.

Розпад - dissolution
Можливості - opportunities
Територіальна цілісність - territorial integrity
Декомунізація - decommunization
Господарем своєї долі - masters of their own destiny
Майбутнє - future
Випробування - trials
Процвітаюча - prosperous

МІСТО КИЇВ: СИМВОЛ УКРАЇНИ І ЙОГО БАГАТОГРАННИЙ ХАРАКТЕР

Київ, столиця України, є одним з найстаріших та найбільш визначних міст країни. Його багатогранний характер, який об'єднує історичну спадщину, культурну розмаїтість та сучасний розвиток, робить його неповторним і важливим символом української національної ідентичності.

Київ має велику історичну цінність. Заснований близько 1500 років тому, він був колискою Київської Русі, першої великої східнослов'янської держави. Історичні пам'ятки, такі як Софійський собор, Києво-Печерська лавра і Золоті ворота, свідчать про його значення як культурного та релігійного центру у минулому.

Київ також славиться своєю культурною розмаїтістю. Він має багатий художній сценарій, включаючи національні театри, музеї та галереї. Мистецтво, література та музика розцвітають у цьому місті, що сприяє творчому розвитку і творенню нових талантів.

Сучасний Київ є динамічним і розвиваючимся містом. Він є полюсом політичного, економічного та соціального життя України. Високі хмарочоси, сучасні торгові центри та технологічні інновації свідчать про розвиток міста і його потенціал як міжнародного центру.

Київ також має природні красоти, які прикрашають його ландшафт. Річка Дніпро, що протікає через місто, надає можливості для прогулянок, розваг та спорту на воді. Зелені парки, які охоплюють значну площу, створюють затишне середовище для відпочинку та релаксації.

CITY OF KYIV: SYMBOL OF UKRAINE AND ITS MULTIFACETED CHARACTER

Kyiv, the capital of Ukraine, is one of the oldest and most significant cities in the country. Its multifaceted character, which combines historical heritage, cultural diversity, and modern development, makes it unique and an important symbol of Ukrainian national identity.

Kyiv holds great historical value. Founded about 1,500 years ago, it was the cradle of Kyivan Rus, the first major East Slavic state. Historical landmarks such as the Kyiv Pechersk Lavra, St. Sophia Cathedral, and the Golden Gate bear witness to its significance as a cultural and religious center in the past.

Kyiv is also renowned for its cultural diversity. It boasts a rich artistic scene, including national theaters, museums, and galleries. Art, literature, and music flourish in this city, fostering creative development and nurturing new talents.

Modern Kyiv is a dynamic and evolving city. It serves as a hub for political, economic, and social life in Ukraine. Tall skyscrapers, modern shopping centers, and technological innovations reflect the city's growth and its potential as an international center.

Kyiv also possesses natural beauty that enhances its landscape. The Dnipro River, flowing through the city, provides opportunities for leisure, entertainment, and water sports. Green parks, covering substantial areas, create a cozy environment for relaxation and recreation.

Київ є місцем, де поєднуються минуле і сучасність, традиція і новаторство. Це місто, яке насичене культурою, історією та життям, що відбувається на його вулицях. Він приваблює туристів з усього світу, які бажають відкрити його чарівність і збагнути його унікальний характер.

Місто Київ – це багатогранний образ України, який відображає її багатство, силу та гостинність. Його значення для українського народу неоціненне, а його вплив на культуру, політику та економіку країни залишається незаперечним.

Kyiv is a place where the past meets the present, tradition blends with innovation. It is a city infused with culture, history, and vibrant life happening on its streets. It attracts tourists from around the world who seek to discover its charm and grasp its unique character.

The city of Kyiv represents the multifaceted image of Ukraine, showcasing its richness, strength, and hospitality. Its significance to the Ukrainian people is invaluable, and its impact on the country's culture, politics, and economy remains undeniable.

Розмаїтість - diversity
Хмарочос - skyscraper
Розвиток - development
Гостинність - hospitality
Незаперечний - undeniable
Чарівність - charm
Затишне - cozy
Господар - cradle
Розваги - entertainment
Відпочинок - relaxation

ЛЬВІВ: МАГІЯ ІСТОРІЇ ТА КУЛЬТУРИ

Львів, місто-ювелір Західної України, відоме своєю багатою історією, культурою та архітектурою. Його неповторний шарм і романтична атмосфера привертають туристів з усього світу.

Львів є одним з найстаріших міст України. Заснований у XIII столітті, він багатий на історичні пам'ятки та пам'ятки архітектури різних епох. Старе місто Львова, з його вузькими вуличками, площами та кам'яними будинками, переносить відвідувачів в минулі часи.

Архітектура Львова вражає своєю розмаїтістю. Тут можна знайти елементи готики, ренесансу, бароко, класицизму та інших стилів. Найбільш відомі споруди, такі як Ратуша, Оперний театр, костел Святого Юра та Личаківський цвинтар, свідчать про багатство і культурне значення міста.

Львів також славиться своєю культурною спадщиною. Він має велику кількість музеїв, галерей та літературних салонів, які втілюють багатогранність української культури та мистецтва. Тут проводяться різноманітні фестивалі, концерти та вистави, які привертають любителів мистецтва з різних куточків світу.

Львів також славиться своєю кавовою культурою. Вуличні кав'ярні та кав'ярні-музеї стали невід'ємною частиною міського пейзажу. Львівська кава здобула репутацію високої якості та аромату, створюючи особливу атмосферу для поціновувачів цього напою.

LVIV: THE MAGIC OF HISTORY AND CULTURE

Lviv, the jewel of Western Ukraine, is renowned for its rich history, culture, and architecture. Its unique charm and romantic atmosphere attract tourists from all over the world.

Lviv is one of the oldest cities in Ukraine. Founded in the 13th century, it is rich in historical landmarks and architectural treasures from various eras. The Old Town of Lviv, with its narrow streets, squares, and stone buildings, transports visitors to bygone times.

Lviv's architecture impresses with its diversity. Gothic, Renaissance, Baroque, neoclassical, and other styles can be found here. Prominent structures such as the City Hall, the Opera House, St. George's Church, and the Lychakiv Cemetery testify to the city's wealth and cultural significance.

Lviv is also renowned for its cultural heritage. It boasts a large number of museums, galleries, and literary salons that embody the diversity of Ukrainian culture and art. Various festivals, concerts, and performances attract art enthusiasts from different corners of the world.

Lviv is also famous for its coffee culture. Street cafés and coffee museums have become an integral part of the cityscape. Lviv coffee has gained a reputation for its high quality and aroma, creating a special atmosphere for coffee connoisseurs.

Львів також є центром освіти та науки. Багато престижних університетів та наукових установ знаходяться в межах міста. Львівські університети прославилися своєю академічною якістю та внесли значний внесок у науковий розвиток країни.

Львів - це також місто гастрономічних насолод. Традиційна українська кухня, а також впливи польської, єврейської та австрійської кухні, створюють унікальний смаковий досвід. Вуличні фестивалі та ресторани пропонують різноманітні страви, які задовольнять навіть найвибагливіші смаки.

Львів - це не просто місто, а особливий світ, який переносить усіх, хто відвідує його, в захоплюючий шлях минулого, красу мистецтва та глибину культури.

Lviv is also a center of education and science. Several prestigious universities and research institutions are located within the city. Lviv universities are renowned for their academic excellence and have made significant contributions to the country's scientific development.

Lviv is a city of gastronomic delights. Traditional Ukrainian cuisine, as well as influences from Polish, Jewish, and Austrian cuisines, create a unique culinary experience. Street festivals and restaurants offer a variety of dishes that satisfy even the most discerning palates.

Lviv is not just a city, but a special world that transports anyone who visits it on a captivating journey through the past, the beauty of art, and the depth of culture.

Багатохвильовий - multifaceted
Пейзаж - landscape
Кам'яний - stone
Містечко - town
Престижний - prestigious
Глибина - depth
Смаковий - flavorful
Вишуканий - exquisite

ОДЕСА: ПЕРЛИНА ПІВДЕННОГО БЕРЕГА

Одеса, місто, що розташоване на узбережжі Чорного моря, відома своєю неповторною атмосферою, культурним розмаїттям та унікальною архітектурою. Її приголомшлива краса та морський шарм привертають відвідувачів з різних куточків світу.

Одеса має багату історію та культурне спадщину. Заснована в 1794 році, вона стала важливим торговим та культурним центром Російської імперії. Її архітектура відображає різні стилі, включаючи класицизм, бароко, ренесанс та сецесію. Відомі пам'ятки, такі як Одеський оперний театр, Дюк де Рішельєвський палац та Потьомкінські сходи, є символами міста.

Одеса є містом культурних подій та свят. Тут проводяться фестивалі театру, музики, мистецтва та кіно, які привертають творчі особистості з усього світу. Міські музеї, галереї та літературні салони пропонують багатогранність української та світової культури.

Одеса також славиться своїм унікальним морським літом. Її прекрасні пляжі та курорти, такі як Аркадія та Ланжерон, пропонують відпочинок, розваги та незабутні морські пригоди. Корабельні екскурсії, водний спорт та прогулянки по набережній Чорного моря створюють незабутні враження для туристів.

Одеса також відома своєю гастрономічною культурою. Рибні ресторани, кав'ярні, пивні та ринки пропонують смачні місцеві страви, свіжу морську їжу та вишукані десерти. Чайна культура, яка має свою довгу історію в Одесі, теж варта відвідування.

ODESA: THE PEARL OF THE SOUTHERN COAST

Odesa, a city located on the shores of the Black Sea, is known for its unique atmosphere, cultural diversity, and stunning architecture. Its breathtaking beauty and maritime charm attract visitors from all corners of the world.

Odesa has a rich history and cultural heritage. Founded in 1794, it became an important trade and cultural center of the Russian Empire. Its architecture reflects various styles, including neoclassicism, Baroque, Renaissance, and Art Nouveau. Iconic landmarks such as the Odesa Opera House, the Potemkin Stairs, and the Duke de Richelieu Monument symbolize the city.

Odesa is a city of cultural events and festivals. It hosts theater, music, art, and film festivals that attract creative individuals from around the globe. The city's museums, galleries, and literary salons offer a glimpse into the richness of Ukrainian and world culture.

Odesa is also renowned for its unique seaside summer. Its beautiful beaches and resorts, such as Arkadia and Lanzheron, provide relaxation, entertainment, and unforgettable maritime adventures. Boat excursions, water sports, and strolls along the Black Sea promenade create lasting memories for tourists.

Odesa is also known for its culinary culture. Its seafood restaurants, cafés, beer pubs, and markets offer delicious local dishes, fresh seafood, and exquisite desserts. The tea culture, with its long-standing history in Odesa, is also worth exploring.

Одеса є містом, що ніколи не спить. Вона має багату нічне життя з клубами, кафе та бари, які пропонують розваги для різних смаків і настроїв.

Одеса - це не просто місто, а світовий культурний центр, який об'єднує морський спокій, культурне розмаїття та веселу атмосферу. Відвідуючи його, ви перебуваєте в чудовому місці, де історія зустрічається з сучасністю та відкриваються нові перспективи для культурного й особистісного розвитку.

Odesa is a city that never sleeps. It boasts a vibrant nightlife with clubs, cafés, and bars catering to different tastes and moods.

Odesa is not just a city; it is a global cultural hub that combines the tranquility of the sea, cultural diversity, and a joyful atmosphere. Visiting Odesa means immersing oneself in a marvelous place where history meets modernity and new perspectives for cultural and personal development unfold.

Перлина - pearl
Розмаїття - diversity
Сецесія - Art Nouveau
Курорт - resort
Рибний - seafood
Чайна культура - tea culture
Нічне життя - nightlife

ПЛАНУВАННЯ ПОЇЗДКИ ДО ЗОНИ ВІДЧУЖЕННЯ ЧОРНОБИЛЬСЬКОЇ АЕС: ВІДКРИТТЯ ТАЄМНИЦЬ МИНУЛОГО

Зона Відчуження Чорнобильської АЕС, розташована в Україні, є місцем з неповторним характером та історичною вагою. Це місце, де сталася одна з найбільших техногенних катастроф у світі, і водночас, це місце, де можна дізнатися багато про наслідки та подвиги людей, які працювали для ліквідації наслідків аварії.

Перш за все, перед поїздкою до Зони Відчуження Чорнобильської АЕС важливо ознайомитися з усіма правилами та обмеженнями, що стосуються безпеки. Доступ до деяких зон може бути обмеженим, тому необхідно отримати спеціальний пропуск або зарезервувати екскурсію з визначеною групою.

Плануючи поїздку, варто вибрати надійного туроператора, який має досвід у проведенні екскурсій до Чорнобильської Зони. Важливо перевірити їх сертифікати та ліцензії, а також ознайомитися з відгуками інших туристів. Туроператор забезпечить транспорт, гідів та необхідні документи для в'їзду до Зони.

У Зоні Відчуження Чорнобильської АЕС розташовані багато цікавих місць, які варто відвідати. Серед них - сама Чорнобильська АЕС, місто Прип'ять, меморіал "Тепловоз", саркофаг над реактором № 4 та багато інших.

PLANNING A TRIP TO THE CHERNOBYL EXCLUSION ZONE: UNCOVERING THE SECRETS OF THE PAST

The Chernobyl Exclusion Zone, located in Ukraine, is a place with a unique character and historical significance. It is the site of one of the largest technological disasters in the world, and at the same time, it offers insights into the consequences and heroic efforts of those who worked to mitigate the aftermath of the accident.

First and foremost, before embarking on a trip to the Chernobyl Exclusion Zone, it is important to familiarize yourself with all the rules and safety regulations. Access to certain areas may be restricted, so obtaining a special permit or booking a tour with an authorized group is necessary.

When planning the trip, it is advisable to choose a reliable tour operator with experience in organizing excursions to the Chernobyl Zone. It is important to verify their certifications and licenses and read reviews from other tourists. The tour operator will arrange transportation, guides, and necessary documents for entry into the Zone.

Within the Chernobyl Exclusion Zone, there are many interesting places worth visiting. These include the Chernobyl Nuclear Power Plant itself, the city of Pripyat, the "Locomotive" memorial, the sarcophagus over reactor No. 4, and many others.

Гід розповість про історію та подробиці катастрофи, а також про наслідки для природи та людей.

Під час екскурсії до Зони Відчуження Чорнобильської АЕС необхідно дотримуватися всіх правил безпеки. Це означає носити захисний одяг, який забезпечує мінімальний контакт з радіацією, та слухати інструкції гіда. Також важливо не брати з собою їжу або предмети, які можуть бути забруднені радіацією.

Після поїздки до Зони Відчуження Чорнобильської АЕС, варто звернути увагу на своє здоров'я та відвідати лікаря, який спеціалізується на радіаційній медицині. Він зможе провести необхідні обстеження та консультації, щоб переконатися у вашому благополуччі.

Відвідання Чорнобильської Зони - це унікальний досвід, який дозволяє побачити наслідки однієї з найбільших катастроф у світі та вивчити історію та мужність людей, які протистояли цій небезпеці. Однак, це також пов'язано з відповідальністю та необхідністю дотримуватися правил безпеки.

The guide will provide insights into the history and details of the disaster, as well as the consequences for nature and people.

During the excursion to the Chernobyl Exclusion Zone, it is crucial to adhere to all safety rules. This entails wearing protective clothing that minimizes radiation exposure and following the instructions given by the guide. It is also important not to bring any food or objects that may be contaminated with radiation.

After visiting the Chernobyl Exclusion Zone, it is recommended to pay attention to your health and consult a physician specializing in radiation medicine. They can conduct necessary examinations and consultations to ensure your well-being.

Visiting the Chernobyl Exclusion Zone is a unique experience that allows you to witness the consequences of one of the greatest disasters in history and learn about the bravery of those who faced this danger. However, it comes with responsibility and the need to prioritize safety.

Приголомшлива - breathtaking
Ліквідація - mitigation
Пропуск - permit
Обстеження - examination
Мужність - bravery
Небезпека - danger
Благополуччя - well-being
Особливий - unique
Безпека - safety
Відповідальність - responsibility
Ризик - risk

КАРПАТИ: ПРИРОДНА КРАСА ТА ПРИГОДИ

Карпати, що розташовані в Західній Україні, відомі своєю захоплюючою природою, величними горами та незабутнім ландшафтом. Це місце, яке привертає любителів пригод, туристів та природолюбів з усього світу.

Карпати - це гірський ланцюг з найвищими вершинами України. Гори такі, як Говерла, Петрос та Гимба, приваблюють альпіністів та туристів, які шукають висотні виклики та незабутні пейзажі. Гірські хребти, заповідні ліси, кришталеві озера та гірські потоки створюють мальовничі карти, які захоплюють дух.

Карпати також славляться своєю багатою флорою та фауною. Тут можна знайти різноманітні види рослин, такі як карпатські тюльпани, едельвейси та злаки. Звірі, такі як ведмеді, козулі та рисі, роблять Карпати своїм домом. Для любителів птахівнічства тут також є багато цікавих видів птахів.

Карпатські села та гуцульські поселення вражають своєю аутентичністю та гостинністю. Туристи можуть побачити старовинні дерев'яні церкви, панські оселі та декоративні різьблення на дереві. Традиційна культура, музика та танці гуцулів, лемків та бойків розкривають багатство народної спадщини цих регіонів.

Карпати - це також місце для активного відпочинку та пригод. Тут можна займатися пішохідними прогулянками, велосипедними поїздками, гірськими походами, лижним спортом та рафтингом на гірських річках. Карпати пропонують безліч можливостей для тих, хто любить спорт та активний відпочинок на природі.

THE CARPATHIAN MOUNTAINS: NATURAL BEAUTY AND ADVENTURE

The Carpathian Mountains, located in Western Ukraine, are renowned for their captivating nature, majestic peaks, and unforgettable landscapes. It is a destination that attracts adventure enthusiasts, tourists, and nature lovers from around the world.

The Carpathians are a mountain range with the highest peaks in Ukraine. Mountains such as Hoverla, Petros, and Hymba attract climbers and hikers seeking both challenges and breathtaking views. Mountain ridges, preserved forests, crystal-clear lakes, and mountain streams create picturesque scenery that takes your breath away.

The Carpathians are also known for their rich flora and fauna. Various species of plants, such as Carpathian tulips, edelweiss, and grasses, can be found here. Animals like bears, deer, and lynxes call the Carpathians their home. Birdwatching enthusiasts will also find plenty of interesting bird species to observe.

Carpathian villages and Hutsul settlements impress with their authenticity and hospitality. Tourists can see ancient wooden churches, manor houses, and decorative woodcarvings. The traditional culture, music, and dances of Hutsuls, Lemkos, and Boykos reveal the richness of the folk heritage in these regions.

The Carpathians also offer opportunities for active leisure and adventure. Visitors can engage in hiking, cycling, mountain trekking, skiing, and rafting on mountain rivers. The Carpathians provide numerous possibilities for those who enjoy sports and active outdoor recreation.

Туристичні бази, готелі та кемпінги в Карпатах забезпечують комфортний та затишний відпочинок для відвідувачів. Любителі гастрономії зможуть насолодитися карпатською кухнею з її смачними стравами, такими як банош, ковбаски та гуцульські сири.

Подорож до Карпат - це шанс зануритися у прекрасний світ гірської природи, відчути енергію та красу цих мальовничих місць. Карпати - це джерело натхнення та незабутніх вражень, які залишаться у пам'яті надовго.

Tourist bases, hotels, and campgrounds in the Carpathians provide comfortable and cozy accommodation for visitors. Gastronomy lovers can indulge in Carpathian cuisine with its delicious dishes, such as banosh, sausages, and Hutsul cheeses.

A journey to the Carpathians is a chance to immerse oneself in the beautiful world of mountain nature, to feel the energy and beauty of these picturesque places. The Carpathians are a source of inspiration and unforgettable experiences that will remain in your memory for a long time.

Пригоди - adventures
Гірський ланцюг - mountain range
Висотні виклики - altitude challenges
Мальовничі - picturesque
Заповідні ліси - preserved forests
Кришталеві - crystal-clear
Гірські потоки - mountain streams
Ведмеді - bears
Козулі - deer
Рисі - lynxes
Гуцульські - Hutsul
Лижний спорт - skiing
Банош - banosh (traditional dish)
Зануритися - to immerse

КАМ'ЯНЕЦЬ-ПОДІЛЬСЬКИЙ: МІСТО СТАРОВИННОГО КОЛОРИТУ ТА КНЯЖИХ ФОРТЕЦЬ

Кам'янець-Подільський, мальовниче місто, розташоване на території Західної України, привертає увагу своєю багатою історією, архітектурою та неповторним колоритом. Це місце, де втілена душа старовинного Поділля.

Місто славиться своєю головною перлиною - Кам'янець-Подільською фортецею. Ця могутня споруда, розташована на скелі над річкою Смотричем, приваблює відвідувачів своєю архітектурою та історичними легендами. Від стін фортеці відкриваються захоплюючі види на мальовничу долину та старовинне місто.

Кам'янець-Подільський також славиться своїм старовинним центром міста. Вузькі вулички, кам'яні будинки та затишні подвір'я створюють особливу атмосферу. Тут можна знайти старовинні церкви, палацові комплекси та замки, які свідчать про велич та культурне минуле міста.

Мальовнича площа Трубецька, розташована в центрі міста, є місцем зустрічі та відпочинку для місцевих жителів та гостей. Тут можна помилуватися старовинними будівлями, насолодитися кавою в одній з кав'ярень або насичитися атмосферою місцевих ресторанів.

KAMYANETS-PODILSKYI: THE CITY OF HISTORICAL CHARM AND PRINCELY FORTRESSES

Kamyanets-Podilskyi, a picturesque city located in Western Ukraine, captivates with its rich history, architecture, and unique atmosphere. It is a place where the spirit of ancient Podillia comes to life.

The city is famous for its main gem, the Kamyanets-Podilskyi Fortress. This mighty structure, perched on a cliff above the Smotrych River, attracts visitors with its architecture and historical legends. The fortress walls offer breathtaking views of the scenic valley and the old town.

Kamyanets-Podilskyi is also renowned for its historic city center. Narrow streets, stone buildings, and cozy courtyards create a special atmosphere. Here, one can find ancient churches, palace complexes, and castles that bear witness to the grandeur and cultural heritage of the city.

The picturesque Trubetskoho Square, located in the city center, serves as a meeting and relaxation place for locals and visitors. It is a spot to admire historic buildings, enjoy a cup of coffee at one of the cafes, or immerse oneself in the atmosphere of local restaurants.

Кам'янець-Подільський також відомий своїми фестивалями та культурними заходами. Фестивалі середньовічної культури, музики та театру приваблюють творчі особистості та любителів мистецтва з усього світу. Місцеві музеї та галереї пропонують багатогранність культурного доробку регіону.

Поруч з Кам'янець-Подільським розташовані мальовничі куточки природи. Річка Смотрич, гори Бузаул, заповідник "Кам'янець-Подільські товтри" пропонують можливості для активного відпочинку, пішохідних прогулянок та риболовлі.

Відвідання Кам'янець-Подільського - це занурення у стародавні часи та відкриття історії та культурного надбання Поділля. Це місце, яке зачаровує своєю красою, легендами та гостинністю місцевих жителів.

Kamyanets-Podilskyi is also known for its festivals and cultural events. Festivals of medieval culture, music, and theater attract creative personalities and art enthusiasts from around the world. Local museums and galleries offer a diverse display of the region's cultural heritage.

In close proximity to Kamyanets-Podilskyi, there are scenic natural areas. The Smotrych River, the Buzau Mountains, and the "Kamyanets-Podilskyi Tovtry" Nature Reserve provide opportunities for outdoor activities, hiking, and fishing.

Visiting Kamyanets-Podilskyi means immersing oneself in ancient times and discovering the history and cultural heritage of Podillia. It is a place that enchants with its beauty, legends, and the hospitality of the local residents.

Колорит - charm
Фортеця - fortress
Кав'ярень - cafes
Творчі особистості - creative personalities
Мальовничі - scenic
Заповідник - nature reserve
Риболовля - fishing
Занурення - immersion
Старовинний - ancient
Княжий - princely

СОФІЇВСЬКИЙ ПАРК: МАГІЯ ПРИРОДИ ТА РОМАНТИКА

Софіївський парк, розташований у мальовничому місті Умань на Центральній Україні, вважається одним з найкрасивіших парків країни. Це місце, де зустрічаються витончена архітектура, чарівні озера та романтичні куточки природи.

Серцем парку є Софіївська гора, яка символізує могутність та витонченість природи. З неї відкриваються захоплюючі панорами на весь парк і довкілля. Тут можна прогулятися доріжками, насолоджуючись спокоєм та красою навколишнього ландшафту.

Серед головних архітектурних пам'яток парку - Римський амфітеатр, Ісуса Христа Храм, Глиняна арка та Брама кохання. Кожна споруда має свою історію та особливу архітектурну елегантність. Із різних ракурсів вони створюють незабутні фотографічні моменти та вражають своєю красою.

Софіївський парк відомий також своїми озерами та водоспадами. Озеро Туречка та Охотницьке озеро створюють атмосферу спокою та гармонії. Водоспади - це справжня оксамитова симфонія природи, де вода струменить між скелями та створює мальовничі каскади.

Спеціальні тематичні алеї в парку, такі як Алея Зорів та Алея Любові, додають романтичного настрою. Вони привертають пари, які шукають романтичні моменти та незабутні враження.

SOFIYIVKA PARK: THE MAGIC OF NATURE AND ROMANCE

Sofiyivka Park, located in the picturesque city of Uman in Central Ukraine, is considered one of the most beautiful parks in the country. It is a place where elegant architecture, enchanting lakes, and romantic corners of nature come together.

The heart of the park is Sofiyivka Hill, symbolizing the power and elegance of nature. It offers breathtaking panoramas of the entire park and its surroundings. Walking along its paths, one can enjoy the tranquility and beauty of the surrounding landscape.

Among the main architectural landmarks of the park are the Roman Amphitheater, the Temple of Jesus Christ, the Clay Arch, and the Gate of Love. Each structure has its own history and unique architectural elegance. From different angles, they create unforgettable photographic moments and impress with their beauty.

Sofiyivka Park is also known for its lakes and waterfalls. The Turk's Lake and the Hunter's Lake create an atmosphere of peace and harmony. The waterfalls are a true velvet symphony of nature, where water cascades between rocks and creates picturesque cascades.

Special themed alleys in the park, such as the Alley of Stars and the Alley of Love, add a romantic touch. They attract couples seeking romantic moments and unforgettable experiences.

Вечорами парк освітлюється романтичними вогнями, створюючи неповторну атмосферу.

Софіївський парк також пропонує можливості для активного відпочинку. Тут можна прокататися на велосипеді, винайняти човен або побудувати пікнік на трав'яній галявині. Парк створює ідеальне середовище для сімейного відпочинку та проведення часу з друзями.

Відвідання Софіївського парку - це занурення у світ магії природи, де кожен куток оживає своїми барвами та емоціями. Це місце, яке пропонує спокій, красу та незабутні враження для кожного відвідувача.

In the evenings, the park is illuminated by romantic lights, creating a unique atmosphere.

Sofiyivka Park also offers opportunities for active recreation. Visitors can ride bicycles, rent a boat, or have a picnic on a grassy meadow. The park provides an ideal environment for family outings and spending time with friends.

Visiting Sofiyivka Park means immersing oneself in a world of nature's magic, where every corner comes alive with its colors and emotions. It is a place that offers tranquility, beauty, and unforgettable experiences for every visitor.

Витонченість - elegance
Споруда - structure
Барви - colors
Галявина - meadow
Вогні - lights
Оксамитовий - velvet
Неповторний - unique
Трав'яний - grassy
Спокій - tranquility
Витончений - refined

ВІННИЦЯ: МІСТО ПАРКІВ ТА КУЛЬТУРНОГО ДУХУ

Вінниця, розташована в серці України, є одним з найбільш чарівних міст країни. Це місце, де поєднуються природна краса, архітектурні шедеври та багата культурна спадщина.

Одним з найбільш видатних символів Вінниці є Перша плавальна фонтанка, яка приваблює туристів з усього світу. Цей фонтан, розташований у центрі міста, створює неймовірні водяні шоу та зачаровує своїми вражаючими візуальними ефектами.

Місто також славиться своїми парками та скверами. Городоцький парк, Театральний сквер та Піонерський парк - це лише кілька прикладів зелених оаз у середмісті Вінниці. Тут можна насолодитися прогулянками, провести час на свіжому повітрі та насолодитися красою природи.

Архітектурні пам'ятки Вінниці теж захоплюють уяву. Від старовинних будівель до сучасних споруд, місто пропонує багато цікавих місць для відвідувачів. Замок "Острів Любові", Міжнародний виставковий центр "Вінниця" та Меморіал-комплекс "Михайлівська гора" - це лише деякі з найвідоміших архітектурних пам'яток міста.

Вінниця також славиться своїм культурним духом. Місто має багату театральну та музичну сцену. Відвідування Вінницького обласного театру ляльок, Філармонії чи Музею мистецтв - це шанс поглибитися в світ культури та насолодитися виставами та виступами високого рівня.

VINNYTSIA: THE CITY OF PARKS AND CULTURAL SPIRIT

Vinnytsia, located in the heart of Ukraine, is one of the most charming cities in the country. It is a place where natural beauty, architectural masterpieces, and a rich cultural heritage come together.

One of the most prominent symbols of Vinnytsia is the Roshen Fountain, which attracts tourists from around the world. This fountain, located in the city center, creates incredible water shows and captivates with its impressive visual effects.

The city is also known for its parks and squares. Horodotsky Park, Teatralny Square, and Pioneers Park are just a few examples of green oases in the city center of Vinnytsia. Here, one can enjoy leisurely walks, spend time outdoors, and appreciate the beauty of nature.

The architectural landmarks of Vinnytsia also capture the imagination. From historic buildings to modern structures, the city offers many interesting places to visit. The Island of Love Castle, Vinnytsia International Exhibition Center, and the Mikhaylivska Hora Memorial Complex are just some of the most famous architectural landmarks in the city.

Vinnytsia is also renowned for its cultural spirit. The city has a rich theater and music scene. Visiting the Vinnytsia Regional Puppet Theater, Philharmonic, or the Museum of Art is a chance to delve into the world of culture and enjoy performances and exhibitions of a high standard.

Гастрономічна сцена Вінниці також вражає своєю різноманітністю. Ресторани, кафе та заклади швидкого харчування пропонують різноманітні страви, які задовольнять навіть найвибагливіший смак.

Вінниця - це місто, яке пропонує чарівну суміш природи, архітектури та культурного розвитку. Це місце, де можна зануритися в неповторну атмосферу та насолодитися красою та гостинністю міста.

The gastronomic scene of Vinnytsia also impresses with its diversity. Restaurants, cafes, and fast food establishments offer a variety of dishes that will satisfy even the most discerning palate.

Vinnytsia is a city that offers a charming blend of nature, architecture, and cultural development. It is a place where one can immerse oneself in a unique atmosphere and enjoy the beauty and hospitality of the city.

Плавальна фонтанка - swimming fountain
Вражаючий - impressive
Оаза - oasis
Шедевр - masterpiece
Ляльки - puppets
Швидке харчування - fast food
Смак - taste
Суміш - blend

"ТАРАС БУЛЬБА": РОМАН ПРО ГЕРОЇЗМ, БАТЬКІВЩИНУ ТА ЛЮБОВ

"Тарас Бульба" - відомий роман великого українського письменника Миколи Гоголя, який відтворює епоху козацтва і розповідає історію героїчного козацького отамана Тараса Бульби та його синів.

У цьому романі Гоголь показує важливі цінності для українського народу - патріотизм, любов до Батьківщини та незламну волю. Головний герой, Тарас Бульба, відстоює честь та незалежність України і готовий пожертвувати своїм життям для захисту своєї землі.

Роман розповідає про битви, пригоди та відданість козацькому братству. Тарас Бульба разом зі своїми синами, Андрієм та Остапом, вступають у склад козацького загону та беруть участь у важливих битвах за волю України. Їхні подвиги, відвага та жертовність стають прикладом справжнього героїзму.

У романі також зображена сила родинних зв'язків та любові. Відносини Тараса Бульби з його синами показують глибоку прив'язаність до родини та готовність захищати одне одного навіть у найважчі моменти. Любов до рідної землі та національних традицій також пронизує всю книгу.

Через свою реалістичну манеру письма, Гоголь передає атмосферу того часу, деталі козацького життя та менталітет українського народу. Він описує широкі простори степу, військові походи та повсякденне життя козаків, роблячи читача частиною цього світу.

"TARAS BULBA": A NOVEL ABOUT HEROISM, HOMELAND, AND LOVE

"Taras Bulba" is a renowned novel by the great Ukrainian writer Nikolai Gogol, which depicts the era of Cossackdom and tells the story of the heroic Cossack hetman Taras Bulba and his sons.

In this novel, Gogol portrays important values for the Ukrainian people - patriotism, love for the homeland, and indomitable will. The main character, Taras Bulba, defends the honor and independence of Ukraine and is willing to sacrifice his life to protect his land.

The novel recounts battles, adventures, and the dedication to the Cossack brotherhood. Taras Bulba, along with his sons Andriy and Ostap, joins a Cossack regiment and participates in crucial battles for the freedom of Ukraine. Their exploits, courage, and selflessness become examples of true heroism.

The novel also depicts the power of family bonds and love. Taras Bulba's relationship with his sons showcases a deep attachment to family and a readiness to protect each other even in the most challenging moments. The love for their homeland and national traditions permeates the entire book.

Through his realistic writing style, Gogol captures the atmosphere of the time, the details of Cossack life, and the mentality of the Ukrainian people. He describes the vast expanses of the steppe, military campaigns, and the everyday lives of the Cossacks, making the reader a part of this world.

"Тарас Бульба" - це не тільки історичний роман, але й глибокий психологічний твір, який простежує внутрішній світ героїв, їхні мрії, страждання та духовну боротьбу.

Ця книга стала символом українського героїзму та національної свідомості. Вона підкреслює важливість патріотизму, національної самосвідомості та відданості своєму народу.

Читання "Тараса Бульби" - це занурення в епоху козацтва, де читач може відчути глибокий дух України, відчуття гордості та патріотизму. Це книга, яка залишає слід у серці кожного, хто мріє про свободу та захищає свою Батьківщину.

"Taras Bulba" is not only a historical novel but also a profound psychological work that delves into the inner world of the characters, their dreams, sufferings, and spiritual struggles.

This book has become a symbol of Ukrainian heroism and national consciousness. It emphasizes the importance of patriotism, national self-awareness, and devotion to one's people.

Reading "Taras Bulba" is immersing oneself in the era of Cossackdom, where the reader can feel the deep spirit of Ukraine, a sense of pride and patriotism. It is a book that leaves a mark in the hearts of those who dream of freedom and defend their homeland.

Отаман - hetman
Козацтво - Cossackdom
Воля - freedom
Честь - honor
Жертовність - selflessness
Гідність - dignity
Братство - brotherhood
Страждання - suffering
Самосвідомість - self-awareness
Мрія - dream
Читач - reader
Внутрішній світ - inner world

ТАРАС ШЕВЧЕНКО: ПОЕТ, ХУДОЖНИК, НАЦІОНАЛЬНИЙ ГЕРОЙ

Тарас Шевченко - видатний український поет, художник, письменник та національний герой. Він народився у селі Моринці на Київщині і став одним з найвизначніших діячів в історії України.

Життя Тараса Шевченка було повне тяжкостей, але його талант та проникливість принесли йому велику славу. Його поезія відображала біль та страждання українського народу, його боротьбу за свободу та гідність.

Одним з найвідоміших творів Шевченка є збірка "Кобзар", яка стала національним символом України. Ця збірка включає в себе поезії, які пронизані патріотизмом, любов'ю до рідної землі та відданістю принципам свободи. Шевченко використовував своє майстерне слово, щоб розкрити глибокі почуття, соціальні нерівності та несправедливість.

Навіть під час свого вигнання до Сибіру, Шевченко не зупинявся у своїх зусиллях писати та висловлювати свої думки. Його художні роботи, зокрема акварелі та гравюри, свідчать про його талант у мистецтві. Він втілив у своїх творах природу, українські пейзажі та портрети, показуючи красу і глибину української культури.

TARAS SHEVCHENKO: POET, ARTIST, NATIONAL HERO

Taras Shevchenko is a prominent Ukrainian poet, artist, writer, and national hero. He was born in the village of Morintsy in Kyiv region and became one of the most significant figures in the history of Ukraine.

Shevchenko's life was full of hardships, but his talent and insight brought him great fame. His poetry reflected the pain and suffering of the Ukrainian people, their struggle for freedom and dignity.

One of Shevchenko's most famous works is the collection "Kobzar," which has become a national symbol of Ukraine. This collection includes poems that are infused with patriotism, love for the homeland, and devotion to the principles of freedom. Shevchenko used his masterful words to convey deep emotions, social inequalities, and injustice.

Even during his exile in Siberia, Shevchenko did not cease his efforts to write and express his thoughts. His artistic works, including watercolors and engravings, testify to his talent in the arts. He embodied nature, Ukrainian landscapes, and portraits in his works, showcasing the beauty and depth of Ukrainian culture.

Тарас Шевченко також був суспільним діячем, який виступав за права українського народу. Він боровся за рівноправ'я, освіту та свободу в Україні. Його політичні погляди та соціальні ідеали вплинули на формування національної свідомості.

Сьогодні Тарас Шевченко є символом національного просвітителя, патріота та голосу українського народу. Його народні вірші та твори є неуцінним надбанням української культури.

Тарас Шевченко живе у серцях українців як народний герой, який вклав свою душу і талант у служіння своєму народові та боротьбі за свободу. Він залишив незабутній слід у світовій літературі та мистецтві, ставши незрівнянним символом духовного багатства України.

Taras Shevchenko was also a social activist who advocated for the rights of the Ukrainian people. He fought for equality, education, and freedom in Ukraine. His political views and social ideals influenced the formation of national consciousness.

Today, Taras Shevchenko is a symbol of a national enlightener, patriot, and the voice of the Ukrainian people. His folk poems and works are an invaluable asset of Ukrainian culture.

Taras Shevchenko lives in the hearts of Ukrainians as a national hero who devoted his soul and talent to serving his people and fighting for freedom. He left an indelible mark in world literature and art, becoming an incomparable symbol of the spiritual richness of Ukraine.

Проникливість - insightfulness
Гравюра - engraving
Незрівнянний - incomparable
Духовне багатство - spiritual richness
Просвітитель - enlightener
Уцінне надбання - invaluable asset
Політичні погляди - political views
Народний герой - national hero
Усвідомлення - awareness
Служіння - service
Захищати - to defend
Суспільний діяч - social activist
Прив'язаність - attachment

ІВАН МАЗЕПА: ГЕТЬМАН, ПАТРІОТ ТА СИМВОЛ НАЦІОНАЛЬНОГО ДУХУ

Іван Мазепа - видатна постать української історії, гетьман Лівобережної України, військовий стратег та патріот. Його життя та діяльність відіграли важливу роль у боротьбі за незалежність та визволення України.

Мазепа народився у шляхетській родині і швидко здобув популярність та вплив завдяки своїм військовим здібностям. Він став гетьманом України у складній період її історії, коли країна була зазнавала вторгнень іноземних сил.

Одним з найвідоміших етапів життя Мазепи є повстання проти польської влади і його союз із Швецією під час Великої Північної війни. Мазепа виступив на боці Швеції, сподіваючись на звільнення України від польського впливу.

Проте, Шведська армія зазнала поразки, що призвело до складних наслідків для Мазепи та українського народу. Він був змушений утекти в екзил, а Лівобережна Україна потрапила під контроль російської імперії.

Іван Мазепа став символом національного духу та незламності українського народу. Його постать втілює боротьбу за свободу та самостійність, вірність українській ідеї та незалежності.

IVAN MAZEPA: HETMAN, PATRIOT, AND SYMBOL OF NATIONAL SPIRIT

Ivan Mazepa is a prominent figure in Ukrainian history, the Hetman of Left-Bank Ukraine, a military strategist, and a patriot. His life and actions played a crucial role in the struggle for independence and liberation of Ukraine.

Mazepa was born into a noble family and quickly gained popularity and influence through his military abilities. He became the Hetman of Ukraine during a challenging period in its history when the country faced invasions from foreign forces.

One of the most well-known stages of Mazepa's life is his rebellion against Polish rule and his alliance with Sweden during the Great Northern War. Mazepa sided with Sweden, hoping for the liberation of Ukraine from Polish influence.

However, the Swedish army suffered defeat, leading to complex consequences for Mazepa and the Ukrainian people. He was forced into exile, and Left-Bank Ukraine came under the control of the Russian Empire.

Ivan Mazepa became a symbol of national spirit and unwavering determination of the Ukrainian people. His character embodies the struggle for freedom and independence, loyalty to the Ukrainian idea, and sovereignty.

Сьогодні Іван Мазепа визнаний як великий герой України, його ім'я носить низка вулиць, пам'ятників та інших об'єктів у різних містах країни. Його внесок у національну історію важко переоцінити, оскільки він вплинув на подальший розвиток української національної свідомості та боротьби за незалежність.

Іван Мазепа - постать, яка завжди буде засвідчувати героїзм, відданість і любов до України. Його історія надихає національну гордість та нагадує про значущість патріотизму та свободи в українському народі.

Today, Ivan Mazepa is recognized as a great hero of Ukraine, and his name is given to numerous streets, monuments, and other objects in various cities of the country. His contribution to national history is significant, as he influenced the further development of Ukrainian national consciousness and the fight for independence.

Ivan Mazepa is a figure that will always testify to the heroism, devotion, and love for Ukraine. His story inspires national pride and reminds us of the significance of patriotism and freedom in the Ukrainian people.

Лівобережна Україна - Left-Bank Ukraine
Гетьман - Hetman
Незламність - unwavering determination
Розвідник - military strategist
Звільнення - liberation
Вторгнення - invasion
Постать - figure
Нагорода - recognition
Внесок - contribution
Злам - defeat
Розповідь - narrative

БОГДАН ХМЕЛЬНИЦЬКИЙ: ГЕТЬМАН, ВИЗВОЛИТЕЛЬ, НАЦІОНАЛЬНИЙ ГЕРОЙ

Богдан Хмельницький - видатна постать в історії України, гетьман Запорозької Січі та національний герой. Його життя та боротьба зіграли вирішальну роль у боротьбі українського народу за визволення від польського панування.

Хмельницький народився в шляхетській родині, але його життя складалося складно. Він став гетьманом Запорозької Січі та очолив повстання козаків проти польського князівства. Під його керівництвом, український народ вступив на шлях боротьби за свою незалежність та волю.

Найвизначнішою подією у житті Хмельницького стала Хмельницька облога у 1648 році. Під його командуванням, українські козаки здійснили військову кампанію проти польських сил і здобули значні перемоги, включаючи битву під Жовтими Водами. Ці події відіграли розстріляти визначну роль у подальшій історії України.

Богдан Хмельницький виказався не тільки як військовий стратег, але й як державний будівельник. Він запровадив реформи в армії, судовій системі та земельному господарстві, прагнучи зміцнити державність української нації.

BOHDAN KHMELNYTSKY: HETMAN, LIBERATOR, NATIONAL HERO

Bohdan Khmelnytsky is a prominent figure in Ukrainian history, the Hetman of the Zaporozhian Host, and a national hero. His life and struggle played a decisive role in the Ukrainian people's fight for liberation from Polish domination.

Khmelnytsky was born into a noble family, but his life was challenging. He became the Hetman of the Zaporozhian Host and led a rebellion of the Cossacks against Polish rule. Under his leadership, the Ukrainian people embarked on a path of struggle for their independence and freedom.

The most significant event in Khmelnytsky's life was the Khmelnytsky Uprising in 1648. Under his command, Ukrainian Cossacks carried out a military campaign against Polish forces and achieved significant victories, including the Battle of Zhovti Vody. These events played a crucial role in the subsequent history of Ukraine.

Bohdan Khmelnytsky demonstrated not only military prowess but also state-building skills. He introduced reforms in the army, judicial system, and land management, aiming to strengthen the statehood of the Ukrainian nation.

Проте, Хмельницький стикнувся з труднощами та втратами. Україна зазнала поразки від кримського ханства та Московської держави. Пізніше, у пошуках союзників, Хмельницький звернувся до Османської імперії, що спричинило нові проблеми та розколи в українському суспільстві.

Також важливою подією в історії Хмельницького було підписання Хмельницького пакту 1654 року, який уклав з Московським царством. Цей пакт визнавав автономію України, але також відкривав дорогу до подальшого втручання з боку Москви.

Богдан Хмельницький залишив незабутній слід в історії України як визначний ватажок та національний герой. Його боротьба за свободу та незалежність стала прикладом волі та самопожертви для майбутніх поколінь українців. Хмельницький став символом гордості та національного самосвідомості, покликаний нагадувати про важливість української історії та національної ідентичності.

However, Khmelnytsky faced difficulties and losses. Ukraine suffered defeats from the Crimean Khanate and the Muscovite state. Later, in search of allies, Khmelnytsky turned to the Ottoman Empire, which led to new problems and divisions within Ukrainian society.

Another significant event in Khmelnytsky's history was the signing of the Treaty of Khmelnytsky in 1654 with the Muscovite Tsardom. This treaty recognized the autonomy of Ukraine but also opened the door to further interference from Moscow.

Bohdan Khmelnytsky left an indelible mark in the history of Ukraine as an outstanding leader and national hero. His struggle for freedom and independence became an example of willpower and self-sacrifice for future generations of Ukrainians. Khmelnytsky became a symbol of pride and national self-consciousness, reminding us of the importance of Ukrainian history and national identity.

Визволення - liberation
Панування - domination
Ватажок - leader
Ватажництво - leadership
Союзник - ally
Державність - statehood
Розкол - division
Самопожертва - self-sacrifice
Народна боротьба - popular struggle
Суспільство - society
Пакт - treaty
Московське царство - Muscovite Tsardom
Втручання - interference

ГРИГОРІЙ СКОВОРОДА: ФІЛОСОФ, ПОЕТ, ДУХОВНИЙ ВЧИТЕЛЬ

Григорій Сковорода - визначна постать української культури і духовності. Він народився у селі Чорнухи на Полтавщині і став відомим філософом, поетом та духовним вчителем.

Життя Сковороди було повне пошуку і роздумів про сутність людини та її місце у світі. Він висунув ідею про необхідність розуміти себе і зв'язок з Всесвітом, про розвиток моральних якостей та духовного зростання.

Сковорода написав безліч філософських трактатів, поезій і притч, де він висловлював свої думки про мудрість, любов, справедливість та значення духовних цінностей. Його твори були впливовими і надихали покоління після нього.

Одним з найвідоміших творів Сковороди є "Размышления о душе" (Міркування про душу), де він висвітлював питання людської душі, її розвитку та духовного самовдосконалення.

Сковорода пропагував простоту життя і відмову від матеріальних благ. Він вчив про цінність духовного багатства та глибину людської сутності.

HRYHORII SKOVORODA: PHILOSOPHER, POET, SPIRITUAL TEACHER

Hryhorii Skovoroda is a prominent figure in Ukrainian culture and spirituality. He was born in the village of Chornukhy in the Poltava region and became renowned as a philosopher, poet, and spiritual teacher.

Skovoroda's life was filled with a quest for understanding the essence of humanity and its place in the world. He put forward the idea of the necessity to comprehend oneself and the connection with the Universe, emphasizing the development of moral qualities and spiritual growth.

Skovoroda wrote numerous philosophical treatises, poems, and parables, where he expressed his thoughts on wisdom, love, justice, and the significance of spiritual values. His works were influential and inspired generations that came after him.

One of Skovoroda's most well-known works is "Razmyshleniya o dushe" (Reflections on the Soul), where he delved into questions of the human soul, its development, and spiritual self-improvement.

Skovoroda advocated for simplicity of life and renunciation of material goods. He taught about the value of spiritual wealth and the depth of human essence.

Сьогодні Сковорода залишається символом мудрості і духовності українського народу. Його праці викликають захоплення та надихають на роздуми про сенс життя та глибину людської душі.

Григорій Сковорода - вчений і філософ, який заповнив українську культуру мудрістю та духовним багатством. Його праці є визначним надбанням не тільки для України, але й для всього світу.

Today, Skovoroda remains a symbol of wisdom and spirituality in the Ukrainian people. His works evoke admiration and inspire contemplation about the meaning of life and the depth of the human soul.

Hryhorii Skovoroda was a scholar and philosopher who enriched Ukrainian culture with wisdom and spiritual wealth. His works are a significant legacy not only for Ukraine but for the entire world.

Мудрість - wisdom
Сутність - essence
Моральні якості - moral qualities
Зростання - growth
Притча - parable
Впливовий - influential
Самовдосконалення - self-improvement
Простота - simplicity
Відмова - renunciation
Захоплення - admiration
Надих - inspiration
Заповнювати - to enrich
Надбання - legacy

ЛЕСЯ УКРАЇНКА: ВЕЛИКА ПОЕТЕСА ТА БОРЕЦЬ ЗА СВОБОДУ

Леся Українка - видатна українська поетеса, драматургиня і громадська діячка. Її творчість і боротьба відіграли значну роль у формуванні національної свідомості та боротьбі за свободу українського народу.

Леся Українка народилася у знатній родині і виростала в інтелектуальному середовищі. Вона здобула високу освіту і стала однією з найбільш визначних поетес свого часу.

Творчість Лесі Українки вражає своєю глибиною і майстерністю. Вона писала поезію, драми, прозу, а також перекладала твори з інших мов. Її твори характеризуються високою естетичною якістю та глибоким філософським змістом.

У своїх творах Леся Українка співчувала бідним і знедоленим, виступала проти соціальної нерівності та політичного гніту. Вона гостро відчувала соціальні проблеми свого часу і намагалася привернути увагу до них через свою поезію.

Леся Українка також активно брала участь у національно-визвольній діяльності. Вона виступала за права українського народу та боролася за його самовизначення. Її прозорливість і мужність зробили її відомою як в Україні, так і за її межами.

LESYA UKRAINKA: GREAT POET AND FREEDOM FIGHTER

Lesya Ukrainka is an outstanding Ukrainian poet, playwright, and public figure. Her creativity and struggle have played a significant role in shaping national consciousness and fighting for the freedom of the Ukrainian people.

Lesya Ukrainka was born into a noble family and grew up in an intellectual environment. She received a high education and became one of the most prominent poets of her time.

Lesya Ukrainka's works impress with their depth and mastery. She wrote poetry, plays, prose, and also translated works from other languages. Her works are characterized by high aesthetic quality and profound philosophical content.

In her writings, Lesya Ukrainka sympathized with the poor and oppressed, and she opposed social inequality and political oppression. She keenly felt the social problems of her time and sought to draw attention to them through her poetry.

Lesya Ukrainka was also actively involved in national liberation activities. She advocated for the rights of the Ukrainian people and fought for their self-determination. Her insight and courage made her famous both in Ukraine and beyond its borders.

Леся Українка стала символом боротьби за національну свободу і самостійність. Її поезія та літературна спадщина стали невичерпним джерелом натхнення для наступних поколінь українців.

Сьогодні Леся Українка залишається однією з найвизначніших фігур в українській літературі і культурі загалом. Її праці вивчаються в школах та університетах, а її ім'я носить низка вулиць, пам'ятників та культурних установ по всій Україні.

Леся Українка - поетеса, чия творчість заповнила українську літературу величезним багатством і відіграла важливу роль у боротьбі за свободу і самостійність нації.

Lesya Ukrainka has become a symbol of the struggle for national freedom and independence. Her poetry and literary heritage have become an inexhaustible source of inspiration for future generations of Ukrainians.

Today, Lesya Ukrainka remains one of the most prominent figures in Ukrainian literature and culture. Her works are studied in schools and universities, and her name is given to numerous streets, monuments, and cultural institutions throughout Ukraine.

Lesya Ukrainka is a poet whose creativity has enriched Ukrainian literature with immense wealth and played an important role in the struggle for freedom and independence of the nation.

Борець - fighter
Громадська діячка - public figure
Драматургиня - playwright
Філософський зміст - philosophical content
Співчуття - sympathy
Соціальна нерівність - social inequality
Політичний гніт - political oppression
Самовизначення - self-determination
Мужність - courage
Літературна спадщина - literary heritage
Натхнення - inspiration
Низка - series
Культурні установи - cultural institutions
Заповнювати - to enrich
Вивчатися - to be studied

ВОЛОДИМИР ВЕРНАДСЬКИЙ: ВИДАТНИЙ УКРАЇНСЬКИЙ ВЧЕНИЙ ТА МИСЛИТЕЛЬ

Володимир Вернадський - видатний український вчений, геолог, біолог, хімік та філософ, який залишив помітний слід в різних галузях науки та досліджень. Його роботи та ідеї вплинули на розвиток наукової думки і відкрили нові горизонти у наукових дослідженнях.

Вернадський народився в Києві в 1863 році. Він отримав вищу освіту в різних університетах, а потім продовжив свої дослідження в Парижі та Італії. Його роботи з геології, геохімії та біології отримали міжнародне визнання.

Вернадський вніс вагомий внесок у розвиток теорії біосфери, що описує взаємодію між живою та неживою природою на планеті. Він ввів поняття "нозосфера" - сфери живого, яка включає в себе всі організми та їх взаємодію з навколишнім середовищем.

Вернадський також працював над проблемами глобального розвитку та еволюції планети. Він висунув ідею "розумної матерії" - концепції, що розглядає планету як організм з властивістю свідомості та інтелекту.

У своїх філософських працях Вернадський розглядав питання про роль науки, освіти та культури в розвитку суспільства. Він активно підтримував інтелектуальний розвиток України та прагнув до її наукового прогресу.

VOLODYMYR VERNADSKY: DISTINGUISHED UKRAINIAN SCIENTIST AND THINKER

Volodymyr Vernadsky is an outstanding Ukrainian scientist, geologist, biologist, chemist, and philosopher who left a remarkable legacy in various fields of science and research. His works and ideas have influenced the development of scientific thought and opened new horizons in scientific exploration.

Vernadsky was born in Kyiv in 1863. He received higher education in various universities and continued his research in Paris and Italy. His works in geology, geochemistry, and biology gained international recognition.

Vernadsky made a significant contribution to the development of the theory of the biosphere, which describes the interaction between the living and non-living components of the planet. He introduced the concept of the "noosphere" - the sphere of the living, which encompasses all organisms and their interaction with the environment.

Vernadsky also worked on the problems of global development and the evolution of the planet. He proposed the concept of "thinking matter" - a notion that views the planet as an organism with consciousness and intellect.

In his philosophical works, Vernadsky explored the role of science, education, and culture in the development of society. He actively supported the intellectual development of Ukraine and aimed for its scientific progress.

Володимир Вернадський став одним з найвизначніших українських вчених свого часу і залишив невимовний вплив на світову науку. Його наукові праці є вагомим надбанням не тільки для України, але й для всього світу.

Сьогодні ім'я Вернадського носить багато наукових установ, університетів та географічних об'єктів по всьому світу. Вернадський став символом наукового потенціалу України та прагнення до розвитку науки та досліджень.

Володимир Вернадський - вчений і мислитель, який своїми роботами змінив наше розуміння світу та зрозумів величезну роль науки в розвитку суспільства.

Volodymyr Vernadsky became one of the most prominent Ukrainian scientists of his time and left an indelible impact on the world of science. His scientific works are a significant contribution not only to Ukraine but to the entire world.

Today, Vernadsky's name is carried by numerous scientific institutions, universities, and geographical objects worldwide. Vernadsky has become a symbol of Ukraine's scientific potential and the pursuit of scientific research and exploration.

Volodymyr Vernadsky is a scientist and thinker who, through his works, has transformed our understanding of the world and recognized the immense role of science in the development of society.

Розумна матерія - thinking matter
Суспільство - society
Дослідження - research
Установа - institution
Прагнення - pursuit

МИХАЙЛО ГРУШЕВСЬКИЙ: ВИДАТНИЙ ІСТОРИК ТА ПОЛІТИЧНИЙ ДІЯЧ

Михайло Грушевський є видатною постаттю української історіографії та політики. Він народився в 1866 році і присвятив своє життя дослідженню української історії, культури та національної ідеї.

Грушевський був авторитетним істориком, який працював над розкриттям історичних подій і феноменів, пов'язаних з Україною. Його праці мають велике значення для розуміння українського народу, його минулого та його ролі в світі.

Одним з найвідоміших творів Грушевського є "Історія України-Руси", що охоплює період від найдавніших часів до кінця 19 століття. Це видання стало монументальним твором, який відтворює національну історію з великою точністю і деталізацією.

Крім своєї наукової діяльності, Грушевський був активним політичним діячем. Він підтримував ідею національної самостійності та боровся за права українського народу. Грушевський був одним із лідерів Української Центральної Ради, що відіграла важливу роль у визнанні незалежності України.

Незважаючи на політичні переслідування і складні умови, Грушевський не припиняв своїх наукових досліджень і боротьби за національну самостійність. Він став символом сильного духу та незламної віри українського народу.

MYKHAILO HRUSHEVSKY: DISTINGUISHED HISTORIAN AND POLITICAL FIGURE

Mykhailo Hrushevsky is a prominent figure in Ukrainian historiography and politics. He was born in 1866 and dedicated his life to the study of Ukrainian history, culture, and the national idea.

Hrushevsky was an authoritative historian who worked to uncover historical events and phenomena related to Ukraine. His works hold great significance for understanding the Ukrainian people, their past, and their role in the world.

One of Hrushevsky's most famous works is "History of Ukraine-Rus," which covers the period from ancient times to the end of the 19th century. This publication became a monumental work that portrays national history with great accuracy and detail.

In addition to his scholarly activities, Hrushevsky was an active political figure. He supported the idea of national independence and fought for the rights of the Ukrainian people. Hrushevsky was one of the leaders of the Ukrainian Central Rada, which played a crucial role in the recognition of Ukraine's independence.

Despite facing political persecution and challenging conditions, Hrushevsky did not cease his scholarly research and the struggle for national independence. He became a symbol of resilience and unwavering faith in the Ukrainian people.

Сьогодні спадщина Грушевського продовжує жити у серцях українців. Його історичні праці є основою для вивчення української історії, а його політичний внесок визнаний як важлива частина боротьби за незалежність України.

Михайло Грушевський залишив невимовний слід в українській історії і політиці. Його життєва праця та політична діяльність є великим надбанням для нації і визнаною цінністю для всього світу.

Today, Hrushevsky's legacy continues to live in the hearts of Ukrainians. His historical works serve as a foundation for studying Ukrainian history, and his political contribution is recognized as an important part of the struggle for Ukraine's independence.

Mykhailo Hrushevsky has left an indelible mark on Ukrainian history and politics. His life's work and political activities are a great asset to the nation and a recognized value for the world as a whole.

Переслідування - persecution
Незламний - unyielding
Життєва праця - life's work
Основа - foundation
Цінність - value
Історичні події - historical events

ВАСИЛЬ СТУС: ПОЕТ, ГРОМАДСЬКИЙ ДІЯЧ ТА СИМВОЛ СВОБОДИ

Василь Стус - видатний український поет, громадський діяч та символ боротьби за свободу. Його творчість і політична діяльність стали важливими елементами української культури та боротьби проти тоталітарного режиму.

Стус народився в 1938 році в сім'ї інтелектуалів і виріс у середовищі, де цінувалися свобода слова та національна самосвідомість. Його поезія характеризується глибоким емоційним змістом, розкриває проблеми людської свободи, людяності та справедливості.

У своїх віршах Стус ставив питання про ідентичність українського народу та його право на самовизначення. Він виступав проти політичного режиму, який обмежував свободу слова та порушував права людини.

Стус був активним учасником дисидентського руху в Україні. Його літературна та громадська діяльність зазнавала переслідувань з боку влади. В 1980 році його засудили до восьми років позбавлення волі, де він продовжував писати й виступати проти тоталітарного режиму.

Помер Василь Стус в 1985 році у в'язниці, але його спадщина живе далі. Він став символом боротьби за свободу та людських прав, а його твори перетнули межі України, ставши невмирущою частиною світової літератури.

VASYL STUS: POET, ACTIVIST, AND SYMBOL OF FREEDOM

Vasyl Stus is a prominent Ukrainian poet, activist, and symbol of the struggle for freedom. His creative works and political activities have become important elements of Ukrainian culture and the fight against totalitarian regimes.

Stus was born in 1938 into a family of intellectuals and grew up in an environment that valued freedom of speech and national consciousness. His poetry is characterized by deep emotional content and addresses issues of human freedom, humanity, and justice.

In his poems, Stus raised questions about the identity of the Ukrainian people and their right to self-determination. He spoke out against the political regime that restricted freedom of speech and violated human rights.

Stus was an active participant in the dissident movement in Ukraine. His literary and civic activities faced persecution from the authorities. In 1980, he was sentenced to eight years in prison, where he continued to write and speak out against the totalitarian regime.

Vasyl Stus passed away in 1985 while still in prison, but his legacy lives on. He has become a symbol of the struggle for freedom and human rights, and his works have transcended the borders of Ukraine, becoming an immortal part of world literature.

Сьогодні Василь Стус визнаний як один із найвидатніших поетів світового рівня. Його творчість і політична діяльність є надбанням не тільки для України, але й для всього світу.

Василь Стус залишив невимовний слід у серцях українців і став символом сили та витримки в боротьбі за свободу. Його слова надихають та проникають душу, а його життя є прикладом самопожертви і відданості ідеалам свободи й правди.

Today, Vasyl Stus is recognized as one of the most outstanding poets of international caliber. His creative works and political activities are an invaluable asset not only to Ukraine but to the entire world.

Vasyl Stus has left an indelible mark in the hearts of Ukrainians and has become a symbol of strength and endurance in the fight for freedom. His words inspire and touch the soul, while his life serves as an example of self-sacrifice and dedication to the ideals of freedom and truth.

Свобода слова - freedom of speech
Самосвідомість - self-consciousness
Дисидентський рух - dissident movement
Переслідування - persecution
Позбавлення волі - imprisonment
Літературна діяльність - literary activity
Витримка - endurance
Надбання - asset
Приклад - example
Відданість - dedication
Незвичайний - extraordinary

СЕРГІЙ КОРОЛЬОВ: ГЕНІЙ РАКЕТНОЇ ТЕХНІКИ ТА КОСМІЧНИХ ДОСЛІДЖЕНЬ

Сергій Корольов є видатним українським науковцем та інженером, який зробив величезний внесок у розвиток ракетної техніки та космічних досліджень. Його талант, ентузіазм та наукові досягнення прокладали шлях до здійснення людських мрій про подолання простору.

Народився Сергій Павлович Корольов у 1907 році на території сучасної України. Він виявив великий інтерес до авіації та космосу ще змалку і прагнув здійснити великі відкриття. За роки своєї науково-технічної діяльності він зміг створити потужну ракетну індустрію, яка привела до успіхів в космічних програмах.

Одним з найбільших досягнень Корольова було запуск першого штучного супутника Землі, Супутника-1, у 1957 році. Це стало історичним моментом у розвитку космонавтики та відкрило шлях до подолання космічних просторів. Пізніше під його керівництвом було здійснено запуск першої людини у космос - Юрія Гагаріна.

Корольов також брав участь у розробці та побудові ракет-носіїв, які доставляли людей та обладнання у космос. Його технологічні розробки і наукові досягнення забезпечили успішність численних космічних місій.

Протягом свого життя Корольов працював у складних політичних умовах і часто операції зберігалися в секреті. Він витратив велику кількість енергії, працюючи над здійсненням своїх амбітних проектів.

SERHIY KOROLYOV: GENIUS OF ROCKET ENGINEERING AND SPACE EXPLORATION

Serhiy Korolyov is an outstanding Ukrainian scientist and engineer who made a significant contribution to the development of rocket engineering and space exploration. His talent, enthusiasm, and scientific achievements paved the way for the realization of human dreams of conquering space.

Serhiy Pavlovych Korolyov was born in 1907 in the territory of modern-day Ukraine. From an early age, he showed great interest in aviation and space and aspired to make significant discoveries. Over the years of his scientific and technical career, he managed to establish a powerful rocket industry that led to achievements in space programs.

One of Korolyov's greatest accomplishments was the launch of the first artificial satellite of the Earth, Sputnik-1, in 1957. This was a historic moment in the development of astronautics and opened the path to space exploration. Later, under his leadership, the first human, Yuri Gagarin, was launched into space.

Korolyov also participated in the development and construction of carrier rockets that delivered humans and equipment into space. His technological innovations and scientific achievements ensured the success of numerous space missions.

Throughout his life, Korolyov worked in challenging political conditions, and many of his operations were kept secret. He expended a great deal of energy in pursuing his ambitious projects.

Сергій Корольов помер у 1966 році, залишивши помітний слід у розвитку ракетної техніки та космічних досліджень. Його внесок відзначено численними нагородами та визнанням у науковому світі.

Сьогодні ім'я Корольова є символом успіху української науки та технологічного прогресу. Його наукові досягнення дали поштовх для подальшого розвитку космічної індустрії і стали невід'ємною частиною світового космічного прогресу.

Serhiy Korolyov passed away in 1966, leaving a remarkable legacy in the development of rocket engineering and space exploration. His contribution has been recognized with numerous awards and accolades in the scientific world.

Today, the name Korolyov is a symbol of success in Ukrainian science and technological progress. His scientific achievements have propelled further advancements in the space industry and have become an integral part of global space exploration.

Ракетна техніка - rocket engineering
Космічні дослідження - space exploration
Здійснення - realization
Подолання - conquering
Науковець - scientist
Потужна - powerful
Штучний супутник - artificial satellite
Космічні простори - space realms
Ракета-носій - carrier rocket
Пізнання - exploration
Всесвіт - universe

СЕРГІЙ ПРОКОФ'ЄВ: ВИДАТНИЙ КОМПОЗИТОР ТА МУЗИЧНИЙ ГЕНІЙ

Сергій Прокоф'єв - видатний український композитор, який залишив незабутній слід в світовій музичній спадщині. Його музика відзначається оригінальністю, талантом і впізнаваним стилем.

Народився Сергій Прокоф'єв у 1891 році в сім'ї музиканта. Змалку він виявив винятковий музичний талант та незвичайну здатність до композиції. У ранні роки своєї кар'єри, Прокоф'єв швидко здобув популярність як композитор і піаніст.

Його творчість охоплює широкий спектр музичних жанрів, від симфоній і опер до камерної музики та балету. Прокоф'єв змішував класичну музику з сучасними експериментами, створюючи неповторний індивідуальний стиль.

Один з найбільш відомих творів Прокоф'єва - балет "Ромео і Джульєтта", який став символом його музичного генія. Ця музика емоційна, наповнена драмою та експресією, стала популярною по всьому світу.

У 1918 році Прокоф'єв залишив Україну та переїхав до Росії, де його музика отримала широке визнання. Він працював на зламі двох століть, переживаючи складні політичні умови і зміни в суспільстві.

SERGEI PROKOFIEV: DISTINGUISHED COMPOSER AND MUSICAL GENIUS

Sergei Prokofiev is an outstanding Ukrainian composer who has left an unforgettable mark in the world of music. His music is characterized by originality, talent, and a distinctive style.

Sergei Prokofiev was born in 1891 into a family of musicians. From an early age, he displayed exceptional musical talent and a remarkable ability for composition. In the early years of his career, Prokofiev quickly gained popularity as a composer and pianist.

His body of work encompasses a wide range of musical genres, from symphonies and operas to chamber music and ballet. Prokofiev blended classical music with contemporary experiments, creating a unique and individual style.

One of Prokofiev's most famous works is the ballet "Romeo and Juliet," which has become a symbol of his musical genius. This emotionally charged and dramatic music has gained popularity worldwide.

In 1918, Prokofiev left Ukraine and moved to Russia, where his music received wide recognition. He worked during the transition of two centuries, experiencing challenging political conditions and societal changes.

У 1936 році Прокоф'єв повернувся до Союзу Радянських Соціалістичних Республік та продовжив свою творчу діяльність. Його музика продовжувала захоплювати світ своєю оригінальністю та неповторністю.

Сергій Прокоф'єв помер у 1953 році, але його музика продовжує жити. Вона залишила помітний слід в історії світової музики і надихає покоління музикантів.

Сьогодні Сергій Прокоф'єв визнаний як один з найвидатніших композиторів світового рівня. Його музика зачаровує та проникає до глибини душі, створюючи незабутні враження та емоції.

In 1936, Prokofiev returned to the Soviet Union and continued his creative pursuits. His music continued to captivate the world with its originality and distinctiveness.

Sergei Prokofiev passed away in 1953, but his music lives on. It has made a significant impact on the history of world music and continues to inspire generations of musicians.

Today, Sergei Prokofiev is recognized as one of the most outstanding composers of international caliber. His music enchants and resonates deeply, creating unforgettable impressions and emotions.

Політичні умови - political conditions
Творча діяльність - creative pursuits
Оригінальність - distinctiveness
Помітний слід - significant impact
Емоційно заряджений - emotionally charged
Проникати до глибини душі - resonate deeply
Враження - impressions
Незабутність - unforgettable

СПОРТ В УКРАЇНІ: ВІДДАНІСТЬ, УСПІХИ ТА ВПЛИВ

Україна відома своїми досягненнями у спорті та впливом, який вона має на світову спортивну сцену. Спорт в Україні є важливою частиною культури та національної ідентичності, а спортсмени з України зарекомендували себе як справжні герої і віддані представники своєї країни.

В Україні розповсюджені різноманітні види спорту, включаючи футбол, хокей, бокс, легку атлетику, гімнастику, баскетбол, теніс та багато інших. Багато з цих видів спорту мають власні чемпіонати та ліги, які привертають увагу фанатів та високий рівень конкуренції.

Українські спортсмени досягають великих успіхів на міжнародній арені. Вони здобувають медалі на Олімпійських іграх, чемпіонатах світу та інших престижних змаганнях. Україна має багато видатних спортсменів, які стають прикладом витримки, сили та працездатності.

Футбол є одним з найпопулярніших видів спорту в Україні. Українська футбольна збірна бере участь у важливих міжнародних змаганнях та здобуває перемоги проти сильних суперників. Крім того, в Україні є відомі футбольні клуби, які змагаються на національному та міжнародному рівнях.

Іншим видом спорту, що має велику популярність в Україні, є хокей. Українські хокеїсти демонструють високий рівень гри і беруть участь у національних та міжнародних змаганнях. Україна також має власну професійну хокейну лігу, яка привертає увагу шанувальників.

SPORT IN UKRAINE: DEDICATION, ACHIEVEMENTS, AND IMPACT

Ukraine is known for its achievements in sports and the influence it has on the global sporting stage. Sport in Ukraine is an important part of its culture and national identity, and Ukrainian athletes have established themselves as true heroes and dedicated representatives of their country.

Various sports are popular in Ukraine, including football, hockey, boxing, athletics, gymnastics, basketball, tennis, and many others. Many of these sports have their own championships and leagues that attract fans and high levels of competition.

Ukrainian athletes have achieved great success on the international stage. They have won medals in the Olympic Games, world championships, and other prestigious competitions. Ukraine has produced many outstanding athletes who serve as examples of endurance, strength, and hard work.

Football is one of the most popular sports in Ukraine. The Ukrainian national football team participates in major international tournaments and secures victories against strong opponents. Additionally, Ukraine is home to well-known football clubs that compete at the national and international levels.

Another popular sport in Ukraine is hockey. Ukrainian hockey players demonstrate a high level of skill and compete in national and international competitions. Ukraine also has its own professional hockey league that attracts fans' attention.

Спорт в Україні не тільки сприяє фізичному розвитку, але і має великий соціальний вплив. Він об'єднує людей, сприяє здоровому способу життя та вихованню молодого покоління. Багато спортивних заходів та турнірів проводяться в Україні, привертаючи як місцевих, так і зарубіжних учасників.

Успіхи українських спортсменів надихають та роблять країну пишною. Вони стають національними героями та посольством української сили та вольових здібностей. Україна продовжує розвивати спорт та інвестувати у спортивну інфраструктуру, ставлячи собі нові високі цілі і завдання.

Спорт в Україні - це багато більше, ніж просто фізична активність. Він є складовою частиною національної ідентичності, джерелом гордості та духовного піднесення. Спорт в Україні поєднує людей, надихає до досягнень та пропагує цінності сильного тіла й розуму.

Sport in Ukraine not only promotes physical development but also has significant social impact. It unites people, promotes a healthy lifestyle, and contributes to the upbringing of the younger generation. Many sporting events and tournaments are held in Ukraine, attracting both local and international participants.

The achievements of Ukrainian athletes inspire and make the country proud. They become national heroes and ambassadors of Ukrainian strength and resilience. Ukraine continues to develop sports and invest in sports infrastructure, setting new high goals and objectives.

Sport in Ukraine is much more than just physical activity. It is a part of national identity, a source of pride, and a spiritual uplift. Sport in Ukraine brings people together, inspires achievements, and promotes the values of a strong body and mind.

Справжній герой - true hero
Представник - representative
Спортивна сцена - sporting stage
Національна збірна - national team
Змагання - competition
Спортивний досягнення - sporting achievement
Витримка - endurance
Працездатність - hard work
Розповсюджений - popular
Змагання - tournament

ДИНАМО КИЇВ: ЛЕГЕНДА УКРАЇНСЬКОГО ФУТБОЛУ

Динамо Київ - незмінний символ українського футболу та один з найвідоміших футбольних клубів в Східній Європі. Його багата спортивна спадщина, великі перемоги та легендарні гравці зробили його символом гордості та пристрасті для багатьох українців.

Історія Динамо Київ починається у 1927 році, коли клуб був заснований під назвою "Республіканська спартакіада". Згодом, він отримав назву "Динамо" та став визнаним професійним футбольним клубом.

Клуб швидко здобув популярність та визнання завдяки своїм успіхам. Динамо Київ здобув багато національних чемпіонатів та кубків, а також досяг успіхів на міжнародній арені. Він був відомий своїм атакуючим стилем гри та технічною майстерністю своїх гравців.

Один з найвизначніших моментів в історії Динамо Київ - його перемога у Кубку Володимира Леніна (сучасний Ліга Чемпіонів УЄФА) у 1975 та 1986 роках. Ці перемоги підкреслили силу та престиж клубу, а також привернули увагу всього футбольного світу.

Динамо Київ завжди славилося талановитими гравцями, які стали справжніми легендами футболу. Сергій Ребров, Олег Блохін, Андрій Шевченко, і Валерій Лобановський - це лише декілька з видатних імен, які пов'язані з історією клубу.

DYNAMO KYIV: LEGENDS OF UKRAINIAN FOOTBALL

Dynamo Kyiv is an iconic symbol of Ukrainian football and one of the most renowned football clubs in Eastern Europe. Its rich sporting heritage, significant victories, and legendary players have made it a source of pride and passion for many Ukrainians.

The history of Dynamo Kyiv dates back to 1927 when the club was founded under the name "Republican Spartakiada." Later, it adopted the name "Dynamo" and became a recognized professional football club.

The club quickly gained popularity and recognition for its successes. Dynamo Kyiv has won numerous national championships and cups, as well as achieved success on the international stage. It was known for its attacking style of play and the technical mastery of its players.

One of the most significant moments in Dynamo Kyiv's history was its triumph in the Cup of Volodymyr Lenin (modern UEFA Champions League) in 1975 and 1986. These victories underscored the club's strength, prestige, and caught the attention of the entire football world.

Dynamo Kyiv has always been renowned for its talented players who have become true football legends. Sergiy Rebrov, Oleh Blokhin, Andriy Shevchenko, and Valeriy Lobanovskyi are just a few of the prominent names associated with the club's history.

Клуб також відомий своєю академією, яка виховала багатьох талановитих молодих гравців. Динамо Київ завжди було важливим джерелом розвитку українського футболу та підтримки молодих талантів.

Український національний стадіон "Олімпійський", розташований в Києві, є домашнім стадіоном Динамо Київ та свідком багатьох незабутніх матчів.

Динамо Київ - це не просто футбольний клуб, він є символом волі, стійкості та пристрасті українського народу. Його успіхи та велич зробили його нелише популярним українським клубом, але й репрезентантом національного спорту.

The club is also known for its academy, which has nurtured many talented young players. Dynamo Kyiv has always been an important source of development for Ukrainian football and the support of young talents.

The Ukrainian national stadium "Olympiyskyi," located in Kyiv, serves as Dynamo Kyiv's home stadium and has been the witness of many unforgettable matches.

Dynamo Kyiv is not just a football club; it is a symbol of the will, resilience, and passion of the Ukrainian people. Its achievements and grandeur have made it not only a popular Ukrainian club but also a representative of national sports.

Гравець - player
Відновлення - restoration
Успіх - success
Володіння м'ячем - ball possession
Технічна майстерність - technical mastery
Суперник - opponent
Фанат - fan

УКРАЇНСЬКА КУХНЯ: СМАКОЛИКИ ТА ТРАДИЦІЇ

Українська кухня - це справжня скарбниця смаколиків та традицій, яка вражає своєю різноманітністю та неповторними смаками. Вона поєднує в собі елементи селянської кухні, старовинні рецепти та вплив сусідніх культур.

Українська кухня славиться своїми ситними та поживними стравами. Вона багата на м'ясо, рибу, овочі та зернові продукти. Борщ, вареники, голубці, сало з часником - це лише декілька з відомих страв, які визначають українську кухню.

Українські страви також відомі своєю пікантністю та використанням різноманітних спецій та приправ. Хрін, горіхи, горіхова пастила - це всього лише кілька зі складників, які надають українським стравам унікальний смаковий шарм.

Українці також знамениті своїми традиціями приготування хліба. Вони виробляють різноманітні види хліба, включаючи народний чорний хліб, пам'ятний пасочку та особливі різдвяні калачі.

Кожне регіон України має свої власні кулінарні особливості. Наприклад, Гуцульщина відома своїми смачними горілкою та м'ясними стравами, Полісся - своїми грибними делікатесами, а Поділля - своїм ковбасним мистецтвом.

Українська кухня також включає безліч солодких десертів. Медовик, пампушки, вареники зі сливами - це тільки декілька зі солодощів, які роблять українську кухню особливо смачною та привабливою.

UKRAINIAN CUISINE: DELICACIES AND TRADITIONS

Ukrainian cuisine is a true treasure trove of delicacies and traditions that impress with their diversity and unique flavors. It combines elements of peasant cuisine, ancient recipes, and influences from neighboring cultures.

Ukrainian cuisine is renowned for its hearty and nourishing dishes. It is rich in meat, fish, vegetables, and grains. Borscht, varenyky, holubtsi, and salo with garlic are just a few of the well-known dishes that define Ukrainian cuisine.

Ukrainian dishes are also known for their spiciness and the use of various spices and seasonings. Horseradish, nuts, and nut-based confections add a unique flavor charm to Ukrainian cuisine.

Ukrainians are also famous for their bread-making traditions. They produce various types of bread, including the traditional black bread, festive paska, and special Christmas kalach.

Each region of Ukraine has its own culinary specialties. For example, Hutsulshchyna is known for its tasty horilka (vodka) and meat dishes, Polissia for its mushroom delicacies, and Podillia for its sausage-making artistry.

Ukrainian cuisine also includes a variety of sweet desserts. Medovnyk (honey cake), pampushky, and varenyky with plums are just a few of the sweets that make Ukrainian cuisine particularly delicious and appealing.

Традиції гостинності також важливий аспект української кухні. Українці гостинно зустрічають гостей та раді ділитися своїми стравами та смаками. Вони відчиняють свої двері для всіх, хто хоче спробувати аутентичну українську кухню.

Українська кухня - це багатство смаків та традицій, які втілені в кожному шматочку їжі. Вона вражає своєю різноманітністю, витонченістю та духом українського народу.

Hospitality traditions are also an important aspect of Ukrainian cuisine. Ukrainians warmly welcome guests and are eager to share their dishes and flavors. They open their doors to anyone who wants to taste authentic Ukrainian cuisine.

Ukrainian cuisine is a wealth of flavors and traditions embodied in every bite. It impresses with its diversity, sophistication, and the spirit of the Ukrainian people.

Витонченість - sophistication
Смаколики - delicacies
Горілко - vodka
Ковбасне мистецтво - sausage-making artistry
Пам'ятний - festive
Калач - round loaf
Хліборобство - bread-making
Шматочок - morsel
Селянський - peasant
Спеції - spices
Приправи - seasonings
Солодощі - sweets

ЯК ПРИГОТУВАТИ БОРЩ: СЕКРЕТИ АВТЕНТИЧНОЇ УКРАЇНСЬКОЇ СТРАВИ

Борщ - це найвідоміша та найулюбленіша страва в українській кухні. Його багатий смак, аромат та кольорова палітра роблять його справжньою гастрономічною насолодою. Давайте розглянемо, як приготувати цей класичний борщ вдома.

Інгредієнти:
- 500 грамів м'яса (свинина, яловичина або курка)
- 4-5 картоплин
- 2-3 морквини
- 1-2 цибулини
- 1-2 свіжі буряки
- 1 невелика капуста
- 2-3 столові ложки томатної пасти
- Сіль і перець за смаком
- Зелень (петрушка, кріп)
- Сметана для подачі

Інструкція:
1. Почніть зі свіжих і якісних інгредієнтів. Вони є основою для смачного борщу.
2. Наріжте м'ясо на невеликі шматочки та поставте його у каструлю з водою. Доведіть до кипіння та зніміть піну, яка утворилася. Зменште вогонь та варіть м'ясо протягом 40-60 хвилин, аж поки воно стане м'яким.
3. У проміжний час, наріжте картоплю, моркву, цибулю та буряки. Картопля додається першою, оскільки вона потребує більше часу для приготування.
4. Після того, як м'ясо зварилося, додайте нарізану картоплю у каструлю. Продовжуйте варити борщ на середньому вогні протягом 10-15 хвилин.

HOW TO MAKE BORSCHT: SECRETS OF AN AUTHENTIC UKRAINIAN DISH

Borscht is the most well-known and beloved dish in Ukrainian cuisine. Its rich flavor, aroma, and colorful palette make it a true gastronomic delight. Let's take a look at how to prepare this classic borscht at home.

Ingredients:
- 500 grams of meat (pork, beef, or chicken)
- 4-5 potatoes
- 2-3 carrots
- 1-2 onions
- 1-2 fresh beets
- 1 small cabbage
- 2-3 tablespoons of tomato paste
- Salt and pepper to taste
- Herbs (parsley, dill)
- Sour cream for serving

Instructions:
1. Start with fresh and high-quality ingredients. They are the foundation for delicious borscht.
2. Cut the meat into small pieces and place it in a pot with water. Bring to a boil and remove any foam that forms. Reduce the heat and simmer the meat for 40-60 minutes until it becomes tender.
3. In the meantime, chop the potatoes, carrots, onions, and beets. Potatoes are added first as they require more cooking time.
4. Once the meat is cooked, add the chopped potatoes to the pot. Continue cooking the borscht over medium heat for 10-15 minutes.

5. Далі додайте нарізану морквину, цибулю та буряки. Варіть ще 5-7 хвилин, аж овочі стануть м'якими.
6. Додайте томатну пасту та перемішайте, щоб розподілити її рівномірно. Це додасть борщу багато аромату та смаку.
7. Тепер наріжте капусту та додайте її до борщу. Продовжуйте варити на помірному вогні ще 10-15 хвилин, доки капуста не стане м'якою.
8. Після готовності додайте сіль, перець та свіжу зелень за смаком.
9. Подавайте борщ гарячим, прикрасивши кожну порцію сметаною та свіжою зеленню.

Тепер ви знаєте, як приготувати смачний український борщ. Спробуйте цей рецепт вдома та насолоджуйтесь смаком цієї автентичної страви!

5. Next, add the chopped carrots, onions, and beets. Cook for another 5-7 minutes until the vegetables become tender.
6. Add the tomato paste and stir to distribute it evenly. This will add a lot of aroma and flavor to the borscht.
7. Now, shred the cabbage and add it to the borscht. Continue cooking over medium heat for another 10-15 minutes until the cabbage becomes soft.
8. Once cooked, season with salt, pepper, and fresh herbs according to taste.
9. Serve the borscht hot, garnished with sour cream and fresh herbs on top.

Now you know how to prepare a delicious Ukrainian borscht. Try this recipe at home and enjoy the taste of this authentic dish!

Кольорова - colorful
Каструля - pot
Зваритися - to cook, to boil
Нарізати - to chop, to slice
Середній вогонь - medium heat
Помірний вогонь - moderate heat
Піна - foam
Гастрономічна насолода - gastronomic delight
Розподілити - to distribute
Цибуля - onion
Вареники - dumplings
Кріп - dill
Буряк - beetroot
Кисломолочний продукт - sour cream

ВОДКА І САЛО: СИМВОЛИ УКРАЇНСЬКОЇ КУХНІ ТА КУЛЬТУРИ

Водка та сало - це дві незабутні складові української кухні та культури, які втілюють традиції та смакові вподобання українського народу. Ці символи стали визначними представниками української кулінарії в усьому світі.

Водка, також відома як горілка, є національним алкогольним напоєм України. Цей безкольоровий та прозорий спиртний напій виробляється з пшениці, житнього або ячменю. Водка відома своєю м'якою текстурою та сильним спиртним вмістом, що додає їй неповторний смак та характер.

Українці відносяться до водки з особливою повагою і вміють цінувати її смак і якість. Часто вони супроводжують святкові та важливі події традиційними тостами, піднімаючи бокали з водкою.

Сало є ще одним видатним символом української кухні. Це свиняче сало, яке використовується як основна складова багатьох страв. Сало має біле м'ясисте шарувате тіло та хрустку скоринку. Воно вважається джерелом енергії і живильних речовин, і надає стравам багато смаку та аромату.

Українці споживають сало на різні способи. Воно може бути свіжим, смаженим або копченим. Використовуючи сало в стравах, українці додають до них багато смакових нюансів і традиційного шарму.

VODKA AND SALO: SYMBOLS OF UKRAINIAN CUISINE AND CULTURE

Vodka and salo are two unforgettable components of Ukrainian cuisine and culture that embody the traditions and taste preferences of the Ukrainian people. These symbols have become prominent representatives of Ukrainian culinary heritage worldwide.

Vodka, also known as horilka, is the national alcoholic beverage of Ukraine. This colorless and transparent spirit is made from wheat, rye, or barley. Vodka is known for its smooth texture and high alcohol content, which give it a distinct taste and character.

Ukrainians hold vodka in high regard and appreciate its flavor and quality. They often accompany festive and significant events with traditional toasts, raising their glasses filled with vodka.

Salo is another prominent symbol of Ukrainian cuisine. It refers to pork fatback, which is used as a key ingredient in many dishes. Salo has a white, meaty layered body and a crispy skin. It is considered a source of energy and nutrients, adding rich flavor and aroma to dishes.

Ukrainians consume salo in various ways. It can be enjoyed fresh, fried, or smoked. By using salo in dishes, Ukrainians infuse them with many flavor nuances and traditional charm.

Як символи української кухні та культури, водка і сало підкреслюють гостинність, смакові вподобання та традиції українського народу. Вони втілені в святкових подіях, сімейних зборах та українських обрядах. Водка і сало є не просто продуктами, а важливими символами національної ідентичності, які зберігаються і передаються з покоління в покоління.

As symbols of Ukrainian cuisine and culture, vodka and salo highlight the hospitality, taste preferences, and traditions of the Ukrainian people. They are embodied in festive occasions, family gatherings, and Ukrainian rituals. Vodka and salo are not just products but important symbols of national identity that are preserved and passed down from generation to generation.

Прозорий - transparent
Бокал - glass (for alcoholic beverages)
Шаруватий - layered
Свиняче сало - pork fatback
Смажений - fried
Копчений - smoked
Шматочок - piece, slice
Насолода - delight
Живильні речовини - nutrients
Хрусткий - crispy

БУРИЙ ВЕДМІДЬ: ВЕЛИЧНИЙ СИМВОЛ ДИКОЇ ПРИРОДИ

Бурий ведмідь - одна з найвражаючих та найвеличніших створінь дикої природи. Ці могутні тварини відомі своєю величезною силою, майстерністю та унікальними характеристиками. Давайте розглянемо деякі цікаві факти про бурого ведмедя.

1. Велич: Бурі ведмеді є найбільшими сухопутними хижаками в Європі та одними з найбільших ведмедів у світі. Вони можуть досягати ваги до 600 кілограмів і мати довжину тіла до 3 метрів.

2. Місце проживання: Бурі ведмеді поширені в багатьох регіонах Євразії, включаючи Україну. Вони зазвичай живуть у гірських лісах, тундрах та лісостепових районах.

3. Харчування: Бурі ведмеді - всеїдні тварини, що означає, що вони харчуються різноманітною їжею. Вони їдять ягоди, гриби, траву, коріння, рибу, комах, малих ссавців та навіть мертву тварину.

4. Життя взимку: Бурі ведмеді проводять зиму в сплячці. Перед початком зими вони набирають вагу, щоб мати запас жиру, який допоможе їм пережити довгий період без їжі.

5. Вплив на екосистему: Бурі ведмеді відіграють важливу роль у підтриманні екологічної рівноваги. Вони поширюють насіння рослин, розкладають мертві матеріали та контролюють популяції деяких видів.

BROWN BEARS: MAJESTIC SYMBOLS OF THE WILD

Brown bears are one of the most impressive and majestic creatures in the wild. These powerful animals are known for their enormous strength, skill, and unique characteristics. Let's explore some interesting facts about brown bears.

1. Size: Brown bears are the largest terrestrial predators in Europe and among the largest bears in the world. They can weigh up to 600 kilograms and have a body length of up to 3 meters.

2. Habitat: Brown bears are widespread in many regions of Eurasia, including Ukraine. They typically inhabit mountainous forests, tundra, and forest-steppe areas.

3. Diet: Brown bears are omnivorous, meaning they eat a variety of foods. They consume berries, mushrooms, grass, roots, fish, insects, small mammals, and even carrion.

4. Winter Hibernation: Brown bears spend their winters in hibernation. Before the onset of winter, they accumulate fat reserves to sustain themselves during the long period without food.

5. Impact on Ecosystem: Brown bears play a vital role in maintaining ecological balance. They disperse plant seeds, decompose dead matter, and regulate the populations of certain species.

6. Культурне значення: Бурі ведмеді важливі для багатьох культур і народів, включаючи українську. Вони часто виступають у міфології, народних казках та традиціях, символізуючи силу, мудрість та могутність.

7. Збереження: Бурі ведмеді є вразливим видом і зазнають загрозу від полювання та втрати природного середовища. Багато країн вживають заходів для їх охорони та збереження.

Бурі ведмеді - величні створіння, які вражають своєю силою та присутністю. Вони є символами природи, що потребують нашої поваги, охорони та збереження.

6. Cultural Significance: Brown bears hold cultural importance for many societies and nations, including Ukraine. They often appear in mythology, folklore, and traditions, symbolizing strength, wisdom, and power.

7. Conservation: Brown bears are a vulnerable species and face threats from hunting and habitat loss. Many countries have implemented conservation measures to protect and preserve them.

Brown bears are magnificent creatures that awe us with their strength and presence. They are symbols of nature that require our respect, protection, and conservation efforts.

Вражаючий - impressive
Могутній - mighty
Присутність - presence
Вразливий - vulnerable
Полювання - hunting
Середовище - environment
Охорона - conservation
Збереження - preservation
Казки - folktales
Майстерність - skill
Насіння - seeds
Розкладати - to decompose

ЄВРОПЕЙСЬКИЙ ВОВК: ВИЗНАЧНИЙ МЕШКАНЕЦЬ ЛІСІВ

Вовк є одним з найбільш захоплюючих і чарівних тварин, які живуть в європейських лісах. Ці неперевершені хижаки відомі своєю красою, інтелектом та соціальними структурами. Давайте розглянемо кілька цікавих фактів про європейського вовка.

1. Розповсюдження: Європейський вовк мешкає у різних регіонах Європи, включаючи Україну. Він є одним з найбільш поширених видів вовків у світі.

2. Розміри та зовнішність: Європейські вовки мають великі розміри, їх вага може досягати 40-50 кілограмів, а довжина тіла - близько 1,5 метра. Вони мають густу шерсть різних відтінків сірого, коричневого або червоного кольорів.

3. Соціальна структура: Вовки живуть у великих сімейних групах, відомих як зграї. Зграї складаються з батьківської пари та їх молодняка. Ця соціальна організація сприяє співпраці та виживанню виду.

4. Харчування: Вовки є хижаками, але їх харчування різноманітне. Вони полюють на маленьких тварин, таких як зайці, олені, а також їдять падаль і рослинну їжу.

5. Ульюти: Ульюти є основними місцями проживання вовків. Вони будують свої гнізда у лісових ділянках, які надають прихисток і безпеку.

EUROPEAN WOLF: DISTINGUISHED INHABITANT OF THE FORESTS

The European wolf is one of the most captivating and enchanting creatures that reside in European forests. These magnificent predators are known for their beauty, intelligence, and social structures. Let's explore some interesting facts about the European wolf.

1. Distribution: The European wolf is found in various regions of Europe, including Ukraine. It is one of the most widespread wolf species in the world.

2. Size and Appearance: European wolves are large in size, weighing around 40-50 kilograms, with a body length of about 1.5 meters. They have dense fur in shades of gray, brown, or reddish colors.

3. Social Structure: Wolves live in large family groups known as packs. Packs consist of a breeding pair and their offspring. This social organization promotes cooperation and species survival.

4. Diet: Wolves are carnivores, but their diet is diverse. They hunt small animals such as hares, deer, and also consume carrion and plant-based food.

5. Dens: Dens serve as primary living spaces for wolves. They build their nests in forested areas that provide shelter and safety.

6. Культурне значення: Вовки мають велике культурне значення у багатьох народів, включаючи український. Вони з'являються в народних казках, міфах та легендах, символізуючи мудрість, силу та вірність.

7. Відновлення: Вовки є прикладом успішного відновлення популяцій в Європі. За останні десятиліття їх чисельність почала зростати завдяки заходам з охорони та природному відновленню середовища.

Європейські вовки - це визначні мешканці лісів, які привертають увагу своєю красою та соціальною організацією. Вони є важливими складовими біорізноманіття та культурної спадщини і потребують нашої поваги та захисту.

6. Cultural Significance: Wolves hold significant cultural value in many societies, including Ukrainian. They appear in folktales, myths, and legends, symbolizing wisdom, strength, and loyalty.

7. Recovery: Wolves are a successful example of population recovery in Europe. Over the past decades, their numbers have been increasing due to conservation efforts and natural habitat restoration.

European wolves are remarkable inhabitants of forests that captivate with their beauty and social organization. They are important components of biodiversity and cultural heritage, deserving our respect and protection.

Визначний - distinguished
Хижак - predator
Прихисток - shelter
Вірність - loyalty
Біорізноманіття - biodiversity
Відновлення - recovery
Лісові ділянки - forested areas
Рослинна їжа - plant-based food
Мешканець - inhabitant
Захист - protection
Зростання - increase

БІЛИЙ ОСЕТР ТА ЧОРНА ІКРА: КОРОННІ КЛАСИКИ УКРАЇНСЬКОЇ КУЛІНАРІЇ

Осетрові риби та їхній надзвичайно цінний продукт - чорна ікра - відіграють важливу роль у традиційній українській кулінарії. Ці витончені дари водного світу надають неповторного смаку та розкоші стравам. Давайте розглянемо кілька цікавих фактів про білого осетра та чорну ікру.

1. Білий Осетр: Білий осетр - це велика риба з масивним тілом та високим ростом. Він має сріблясту чешуїну, а його м'ясо відоме своєю ніжністю та смаком.

2. Місце проживання: Білі осетри є мешканцями річок і морів у різних регіонах світу, включаючи Україну. Вони часто зустрічаються у річках Дніпро та Дунай.

3. Цінність Чорної Ікри: Чорна ікра осетра - це розкішний і дорогоцінний продукт, що оцінюється за свій неповторний смак та текстуру. Вона вважається десертним діамантом і є справжньою розкішшю на столі.

4. Спосіб отримання: Чорна ікра отримується з осетрових риб шляхом збирання та обробки їхніх ікринок. Цей процес вимагає великої уваги та досвіду, щоб зберегти якість і неповторність продукту.

5. Розкішні страви: Чорна ікра часто використовується для приготування розкішних страв, таких як ікорний бутерброд або ікорна паста. Її неповторний смак та насичений аромат надають особливого шарму стравам.

WHITE STURGEON AND BLACK CAVIAR: ICONIC DELICACIES OF UKRAINIAN CUISINE

Sturgeon fish and their incredibly valuable product - black caviar - play an important role in traditional Ukrainian cuisine. These exquisite gifts from the water world add unique flavors and luxury to dishes. Let's explore some interesting facts about white sturgeon and black caviar.

1. White Sturgeon: The white sturgeon is a large fish with a massive body and tall stature. It has a silvery scale and is known for its tender and flavorful flesh.

2. Habitat: White sturgeons inhabit rivers and seas in various regions of the world, including Ukraine. They are often found in the Dnieper and Danube rivers.

3. Value of Black Caviar: Black caviar from sturgeon is a luxurious and precious product valued for its unique taste and texture. It is considered a dessert diamond and a true indulgence on the table.

4. Extraction Process: Black caviar is obtained from sturgeon fish by collecting and processing their roe. This process requires great attention and expertise to preserve the quality and uniqueness of the product.

5. Sumptuous Dishes: Black caviar is often used to create lavish dishes such as caviar sandwiches or caviar pasta. Its distinctive flavor and rich aroma add a special charm to the dishes.

6. Екологічна проблематика: Осетрові риби та чорна ікра є під загрозою через незаконний вилов та знищення природного середовища. Спільні зусилля з охорони та сталого використання є важливими для збереження цих видів.

7. Культурне значення: Осетрові риби та чорна ікра відіграють важливу роль у культурі та кулінарії України. Вони символізують розкіш, смакові вподобання та витонченість.

Білий осетр та чорна ікра - це дивовижні продукти, які заворожують своєю красою та розкошшю. Вони є пишними класиками української кулінарії, які додають неповторного смаку та елегантності стравам.

6. Environmental Concerns: Sturgeon fish and black caviar are under threat due to illegal fishing and habitat destruction. Collaborative efforts for conservation and sustainable use are essential for preserving these species.

7. Cultural Significance: Sturgeon fish and black caviar hold significant cultural value in Ukrainian culture and cuisine. They symbolize luxury, culinary preferences, and sophistication.

White sturgeon and black caviar are remarkable products that captivate with their beauty and luxury. They are opulent classics of Ukrainian cuisine, adding unique flavors and elegance to dishes.

Витончений - exquisite
Надзвичайний - extraordinary
Дорогоцінний - precious
Розкіш - luxury
Ікринки - roe
Екологічна проблематика - environmental issues
Стале використання - sustainable use
Витонченість - sophistication
Пишний - sumptuous
Кулінарні вподобання - culinary preferences
Витончені смаки - refined flavors
Смакові враження - taste sensations
Розкошшю - opulence

СТЕПОВИЙ ОРЕЛ: ВЕЛИЧНИЙ ХИЖАК НАД БЕЗКРАЙНІМИ ПРОСТОРАМИ

Степовий орел є одним з найбільш вражаючих та прекрасних хижаків, які плавають над безмежними просторами степу. Ці маєстатичні птахи відомі своєю потужною будовою та витонченим політним маневром. Давайте розглянемо кілька цікавих фактів про степового орла.

1. Розповсюдження: Степовий орел мешкає у різних регіонах Євразії, зокрема в Україні. Він є символом безкраїх просторів степу та відомий своїм здатністю пролягати далекі міграційні маршрути.

2. Зовнішність: Степовий орел має великі розміри з розмахом крил до 2 метрів. Його оперення має темно-коричневий колір з білими смугами на підхвістнику.

3. Харчування: Степовий орел є хижаком, який полює на різних дрібних тварин, включаючи зайців, птахів, їжаків та гризунів. Він використовує свої гострі кігті та потужний дзьоб, щоб захоплювати своїх жертв.

4. Стиль життя: Степові орли зазвичай живуть самотнім життям або у парах, формуючи постійні території для полювання та розмноження.

5. Весняна міграція: Багато степових орлів проводять весняну міграцію, летячи на довгі відстані до своїх гніздових місць. Це вражаюче явище спостерігають багато людей, які захоплюються природою.

STEPPE EAGLE: MAJESTIC PREDATOR ABOVE THE VAST PLAINS

The Steppe Eagle is one of the most impressive and beautiful predators that soar above the endless expanses of the steppe. These majestic birds are known for their powerful build and graceful flight maneuvers. Let's explore some interesting facts about the Steppe Eagle.

1. Distribution: The Steppe Eagle inhabits various regions of Eurasia, including Ukraine. It is a symbol of the boundless steppe and is known for its ability to undertake long migratory routes.

2. Appearance: The Steppe Eagle is large, with a wingspan of up to 2 meters. Its plumage is dark brown with white stripes on the tail.

3. Diet: The Steppe Eagle is a predator that preys on various small animals, including hares, birds, hedgehogs, and rodents. It uses its sharp talons and powerful beak to capture its prey.

4. Lifestyle: Steppe Eagles typically live solitary lives or in pairs, establishing permanent territories for hunting and breeding.

5. Spring Migration: Many Steppe Eagles undertake spring migration, flying long distances to their nesting grounds. This impressive phenomenon is observed by many nature enthusiasts who are captivated by the wonders of nature.

6. Збереження: Степові орли є під загрозою через втрату житлових місць та полювальний тиск. Зусилля з охорони та збереження степових масивів є важливими для збереження цих прекрасних птахів.

Степовий орел - це символ величі та витонченості, який красується на небосхилі степу. Він захоплює нас своєю майстерністю та потужною присутністю.

6. Conservation: Steppe Eagles are under threat due to habitat loss and hunting pressure. Conservation efforts and the preservation of steppe habitats are crucial for the survival of these magnificent birds.

The Steppe Eagle is a symbol of grandeur and elegance, soaring in the skies above the steppe. It captivates us with its mastery and powerful presence.

Витончений - exquisite
Вражаючий - impressive
Розмах - wingspan
Оперення - plumage
Смуга - stripe
Хижак - predator
Харчування - diet
Гострий - sharp
Кігті - talons
Гніздовий - nesting
Присутність - presence
Загроза - threat
Втрата житлових місць - habitat loss
Полювальний тиск - hunting pressure

УКРАЇНСЬКИЙ КІНЬ ГУЦУЛЬСЬКОЇ ПОРОДИ: СИМВОЛ СИЛИ ТА ВИТРИВАЛОСТІ

Український кінь гуцульської породи - це один з найбільш визначних та унікальних представників кінних порід, що проживають у гірських регіонах України. Ці могутні тварини відомі своєю силу та витривалістю, а також важливою роллю у культурі та традиціях українського народу. Давайте дізнаємось декілька цікавих фактів про українського кінька гуцульської породи.

1. Історія: Український кінь гуцульської породи має багату історію, яка сягає сотень років назад. Він виростився в гірських районах Карпат і був незамінним товаришем гуцулів - традиційного пастуха гірських стад.

2. Витривалість: Гуцульські кіні володіють великою фізичною силою та витривалістю. Вони витримують важкі умови гірських масивів, де забезпечують транспорт та робочу силу для місцевого населення.

3. Зовнішність: Українські гуцульські кіні мають впізнаваний зовнішній вигляд. Вони мають компактне тіло, міцну статуру та густу шерсть, яка захищає їх від холоду та поганої погоди.

4. Роль у культурі: Гуцульські кіні відіграють важливу роль у культурі та традиціях українського народу. Вони часто зображуються у народних піснях, малюнках та фольклорних оповіданнях, що підкреслює значення цих тварин у серцях українців.

UKRAINIAN HUTSUL HORSE: SYMBOL OF STRENGTH AND ENDURANCE

The Ukrainian Hutsul horse is one of the most remarkable and unique representatives of horse breeds that inhabit the mountainous regions of Ukraine. These majestic animals are known for their strength, endurance, and significant role in the culture and traditions of the Ukrainian people. Let's explore some interesting facts about the Ukrainian Hutsul horse.

1. History: The Ukrainian Hutsul horse has a rich history that dates back centuries. It originated in the Carpathian Mountains and served as an indispensable companion to the Hutsul people, traditional mountain shepherds.

2. Endurance: Hutsul horses possess great physical strength and endurance. They thrive in the challenging conditions of mountainous regions, where they provide transportation and labor for the local population.

3. Appearance: Ukrainian Hutsul horses have a distinctive appearance. They have compact bodies, strong stature, and dense coats that protect them from cold and harsh weather.

4. Cultural Role: Hutsul horses play a significant role in the culture and traditions of the Ukrainian people. They are often depicted in folk songs, paintings, and folklore narratives, highlighting the importance of these animals in the hearts of Ukrainians.

5. Розваги та спорт: Гуцульські кіні є популярними серед вершників та любителів кінного спорту. Вони використовуються для туризму, конкурсів та польових змагань, де їхні фізичні здібності та стійкість особливо цінуються.

6. Збереження породи: В останні роки сталося зменшення чисельності гуцульських кіней, тому зусилля з охорони та збереження породи стали особливо важливими. Розроблено програми та проекти, спрямовані на збереження та просування українського гуцульського коня.

Український кінь гуцульської породи - це символ сили та витривалості, який принес великий внесок у культуру та традиції України. Його могутність та присутність не можна недооцінити, а його вроду важко описати словами.

5. Recreation and Sport: Hutsul horses are popular among riders and equestrian enthusiasts. They are used for tourism, competitions, and field events, where their physical abilities and endurance are highly valued.

6. Breed Preservation: In recent years, there has been a decline in the population of Hutsul horses, making conservation and preservation efforts particularly crucial. Programs and projects have been developed to conserve and promote the Ukrainian Hutsul horse.

The Ukrainian Hutsul horse is a symbol of strength and endurance, leaving a great impact on the culture and traditions of Ukraine. Its power and presence cannot be underestimated, while its beauty is difficult to put into words.

Потужність - power
Шерсть - coat
Зовнішній вигляд - appearance
Вроду - beauty
Польові змагання - field events
Витривалість - endurance
Безкрайні простори - endless expanses
Вершники - riders

УКРАЇНСЬКА СІРА ХУДОБА: СИМВОЛ СТІЙКОСТІ ТА СТРАТЕГІЧНОГО ЗНАЧЕННЯ

Українська сіра худоба - це одна з найвідоміших та стародавніх порід худоби, що розповсюджена по всій Україні. Ці величні тварини відіграють важливу роль в історії, культурі та економіці країни. Давайте розглянемо кілька цікавих фактів про українську сіру худобу.

1. Історія: Українська сіра худоба має багату історію, яка сягає сотень років назад. Вона є однією з найстаріших порід худоби на території України і знаходиться під охороною як національний скарб.

2. Зовнішність: Українська сіра худоба має впізнаваний зовнішній вигляд. Вона характеризується сірим відтінком шерсті та великими рогами. Ці могутні тварини мають вигляд, який вражає своєю стійкістю та силою.

3. Молочна продуктивність: Українська сіра худоба відома своєю високою молочною продуктивністю. Вона забезпечує цінний молоко та молочні продукти, що мають велике значення для української господарської діяльності.

4. Стратегічне значення: Українська сіра худоба має стратегічне значення для країни. Вона є важливим джерелом м'яса, молока та сировини для харчової промисловості, а також є символом національної самостійності та господарського потенціалу України.

UKRAINIAN GREY CATTLE: SYMBOL OF RESILIENCE AND STRATEGIC IMPORTANCE

The Ukrainian Grey Cattle is one of the most renowned and ancient breeds of cattle found throughout Ukraine. These majestic animals play a significant role in the history, culture, and economy of the country. Let's explore some interesting facts about the Ukrainian Grey Cattle.

1. History: The Ukrainian Grey Cattle has a rich history that dates back centuries. It is one of the oldest cattle breeds in Ukraine and is protected as a national treasure.

2. Appearance: The Ukrainian Grey Cattle has a recognizable appearance. It is characterized by its grey coat and large horns. These powerful animals have a striking appearance that impresses with their resilience and strength.

3. Milk Production: The Ukrainian Grey Cattle is known for its high milk production. It provides valuable milk and dairy products that hold great importance for Ukrainian agricultural activities.

4. Strategic Importance: The Ukrainian Grey Cattle holds strategic importance for the country. It serves as a vital source of meat, milk, and raw materials for the food industry. Additionally, it is a symbol of national independence and the agricultural potential of Ukraine.

5. Символ культури: Українська сіра худоба відіграє важливу роль у культурі та традиціях українського народу. Вона часто зображується на народних вишивках, образотворчому мистецтві та національних символах, що підкреслює її значення для національної ідентичності.

6. Збереження породи: В останні роки відбувається зменшення чисельності української сірої худоби, тому важливим стає збереження та відтворення породи. Зусилля з охорони, селекції та підтримки селянських господарств спрямовані на збереження цієї цінної породи.

Українська сіра худоба - це символ стійкості, гордості та національного багатства. Її краса та значення незамінні для українського сільськогосподарського сектора та культурного спадку країни.

5. Cultural Symbol: The Ukrainian Grey Cattle plays an important role in the culture and traditions of the Ukrainian people. It is often depicted in folk embroidery, visual arts, and national symbols, emphasizing its significance for national identity.

6. Breed Preservation: In recent years, there has been a decline in the population of Ukrainian Grey Cattle, making the conservation and reproduction efforts particularly important. Programs focusing on conservation, breeding, and support for small-scale farming aim to preserve this valuable breed.

The Ukrainian Grey Cattle is a symbol of resilience, pride, and national wealth. Its beauty and significance are indispensable for the Ukrainian agricultural sector and the country's cultural heritage.

Худоба - cattle
Стійкість - resilience
Стратегічне значення - strategic importance
Джерело - source
Сировина - raw material
Харчова промисловість - food industry
Селекція - breeding
Підтримка - support
Селянське господарство - small-scale farming
Вишивка - embroidery
Образотворче мистецтво - visual arts
Сільськогосподарський сектор - agricultural sector
Відтворення - reproduction
Зусилля - efforts

БАБА-ЯГА: ЖАХЛИВА ЛІСОВА ЧАКЛУНКА

Титарівський ліс завжди мав свої таємниці, але одна з них викликала особливий страх у місцевих мешканців. Легенда про Бабу-Ягу - жахливу лісову чаклунку, живучу в затишній хатині на курячих ногах - залишалася нерозкритою протягом поколінь. Однак, для сміливого хлопця Василя, це була нагода зібрати всяку можливу докладність про цю таємничу створінь та розвіяти всі сумніви.

Одного темного вечора, Василь зібрався зі своїми друзями, Миколою та Оленою, щоб відправитися в небезпечну подорож до лісового притулку Баби-Яги. Заворожені легендою та непіддаючимся страху, вони вийшли замкнутими зеленими стежками, які вели їх у глибину лісу.

Після довгого блукання і шукання, друзі врешті-решт знайшли місце, де, за відгуками, мала бути хата Баби-Яги. Напружено вдихаючи, вони ступили на гострий підвіконня хатини, сповнені очікуванням та неспокоєм.

Прокрадаючись в хату, Василь помітив дивні предмети: склянку з мутною рідиною, незвичайні амулети та таємничі свитки, що сповнені старовинних знаків. Він вирішив їх вивчити, сподіваючись знайти відповіді на таємниці цього древнього створіння.

Раптом, вузька дверцята у стелі хати розсунулися, і на порозі з'явилася сама Баба-Яга. Вона була старою та хромою, зі зморшкуватим обличчям і підстриженими сірими волоссям. Зловісний сміх лунав у повітрі, коли вона вказала на Василя та його друзів своїм кістлявим пальцем.

BABA YAGA: THE TERRIFYING FOREST WITCH

The Titaryvsky Forest always had its secrets, but one of them evoked particular fear in the local inhabitants. The legend of Baba Yaga, the terrifying forest witch who lived in a cozy hut on chicken legs, remained unsolved for generations. However, for the brave boy Vasil, it was an opportunity to gather every possible detail about this mysterious creature and dispel all doubts.

One dark evening, Vasil gathered with his friends Mykola and Olena to embark on a dangerous journey to Baba Yaga's forest dwelling. Enchanted by the legend and unyielding to fear, they ventured into the enclosed green paths that led them deep into the woods.

After a long wander and search, the friends finally found the spot where Baba Yaga's hut was rumored to be. With bated breath, they stepped onto the sharp windowsill of the hut, filled with anticipation and unease.

Sneaking into the hut, Vasil noticed strange objects: a glass with murky liquid, unusual amulets, and mysterious scrolls filled with ancient symbols. He decided to study them, hoping to find answers to the mysteries surrounding this ancient creature.

Suddenly, narrow doors in the hut's ceiling slid open, and Baba Yaga herself appeared at the threshold. She was old and haggard, with wrinkled face and cropped gray hair. Sinister laughter filled the air as she pointed her bony finger at Vasil and his friends.

"Молоді люди, що привело вас до мого притулку?", - голос Баби-Яги був тьмяним і хриплим. "Ви думали, що зможете мене вигнати? Ніхто не має влади над Бабою-Ягою!"

Збентежені та перелякані, Василь та його друзі почули розкішну справжню прикрощів хатини - палкий смолистий вогонь та глухий гуркіт. Здається, хата почала змінювати свою форму, набуваючи гігантського розміру.

Але Василь, не втрачаючи мужності, вийняв свою найсильнішу зброю - сакву з святим водосвятними свічками, і замахнувся на Бабу-Ягу. Щойно свічка торкнулася скривавленого обличчя Баби-Яги, злякана чаклунка стала охороняти від себе та виробляти поклони.

З'явилася можливість втечі, і Василь та його друзі не вагаючись, швидко покинули лісову хату, залишивши Бабу-Ягу безпорадною і вирваною зі свого павутиння.

Повертаючись додому, Василь, Микола та Олена відчували здобуту перемогу. Вони переконалися, що Баба-Яга не зможе більше заподіяти страху і зло на мирних людей.

Звістка про дерзкість та відвагу Василя та його друзів розлетілася по селу, розповідаючи про їхню боротьбу з Бабою-Ягою. З тих пір мешканці Титарівського лісу могли спокійно жити, знаючи, що жахлива лісова чаклунка не загрожуватиме їхньому благополуччю.

Чаклунка - witch   Мутна рідина - murky liquid
Непіддаючийся - unyielding Гуркіт - rumble
Зелені стежки - green paths Глухий - deafening

"Young people, what brought you to my refuge?" Baba Yaga's voice was dim and hoarse. "Did you think you could drive me away? No one has power over Baba Yaga!"

Disturbed and frightened, Vasil and his friends heard the ominous creaking of the hut - a crackling fire and a deafening rumble. It seemed that the hut began to change its form, growing to enormous size.

But Vasil, undeterred, pulled out his strongest weapon - a bag filled with holy water and blessed candles - and swung it towards Baba Yaga. As soon as the candle touched Baba Yaga's bloodied face, the terrified witch began to protect herself and make obeisances.

An opportunity for escape arose, and Vasil and his friends, without hesitation, quickly left the forest hut, leaving Baba Yaga helpless and torn from her web.

Returning home, Vasil, Mykola, and Olena felt the triumph they had achieved. They had proven that Baba Yaga could no longer inflict fear and harm on peaceful people.

The news of Vasil and his friends' daring and courage spread throughout the village, recounting their struggle against Baba Yaga. Since then, the inhabitants of the Titaryvsky Forest could live peacefully, knowing that the terrifying forest witch no longer posed a threat to their well-being.

Таємничі свитки - mysterious scrolls
Смолистий - crackling
Самовідданість - devotion
Дерзкість - daring
Жахливий - terrifying
Хромий - haggard
Кістлявий - bony

ЗАЧАРОВАНА ФЛЕЙТА: КАЗКА ПРО ІВАНА ТА ЖАР-ПТИЦЮ

Одного разу у далекому селі, що розташоване серед зелених луків та пишних лісів України, жив молодий пастух на ім'я Іван. У Івана було серце, що палає цікавістю та тягне до пригод. Він часто слухав казки про величезну Жар-птицю, легендарне створіння з пером, що світиться, як золото, та обдароване магічними силами.

Одного дня, поки він пас своїх вівців на околиці села, Іван помітив сяйво, що випромінювало з лісу. Відчуваючи чарівність цього світла, він пішов за ним і, до свого здивування, виявився біля містичної Жар-птиці, що сиділа на гілці. Івана зачарувала її краса, і він вирішив впіймати птаха, щоб довести свою хоробрість.

Однак, Жар-птиця була не звичайним створінням. Вона мала здатність зникати миттєво. Як тільки Іван підійшов, Жар-птиця змахнула крилами та зникла в повітрі, залишивши лише перо, що світилося ефірною блискавкою. Не бажаючи втратити цю нагоду, Іван взяв перо і поклявся підкорити світ Жар-птиці та розкрити її таємницю.

Одягнутий пером і з впевненістю, Іван відправився на небезпечну подорож крізь темні ліси, круті гори та шумлячі ріки. По дорозі він зустрічав різноманітних магічних створінь та ставав перед численними випробуваннями. Він проявляв хоробрість, розуміння та милосердя, дружив із розмовляючими тваринами, обдурював хитрих тролів та допомагав тим, хто потребував допомоги.

THE ENCHANTED FLUTE: THE TALE OF IVAN AND THE FIREBIRD

Once upon a time in a distant village, nestled among the green meadows and lush forests of Ukraine, lived a young shepherd named Ivan. Ivan had a heart full of curiosity and a longing for adventure. He often heard tales of the magnificent Firebird, a legendary creature with feathers that shone like gold and possessed magical powers.

One day, while tending his sheep on the outskirts of the village, Ivan noticed a radiant glow emanating from the forest. Drawn to the enchanting light, he followed its trail, and to his astonishment, he stumbled upon the mystical Firebird perched upon a branch. Ivan was captivated by its beauty and decided to capture the bird to prove his bravery.

However, the Firebird was no ordinary creature. It possessed the ability to disappear in the blink of an eye. As Ivan approached, the Firebird fluttered its wings and vanished into thin air, leaving behind only a feather that sparkled with ethereal brilliance. Determined not to let the opportunity slip away, Ivan took the feather and vowed to embark on a quest to find the Firebird and uncover its secret.

Equipped with the feather and his unwavering spirit, Ivan embarked on a treacherous journey through dark forests, treacherous mountains, and roaring rivers. Along the way, he encountered various magical creatures and faced numerous challenges. He displayed courage, intelligence, and compassion, making friends with talking animals, outwitting cunning trolls, and helping those in need.

Нарешті, після місяців безупинних пошуків, Іван дістався серця узаконеного лісу. Там, серед сяючої зелені, він помітив неприступну Жар-птицю, що сиділа на гілці та грава чарівну мелодію на магічній флейті. Зачарований музикою, Іван підійшов до Жар-птиці з пошаною та захопленням.

Відчуваючи чистоту серця Івана та його незламну волю, Жар-птиця розкрила свою справжню природу. Вона перетворилася на яскраву молоду дівчину з золотистим волоссям і добрими очима. Вона представилася Мар'яною, Стражницею Лісу, якій доручено охороняти закляте царство.

Мар'яна пояснила, що подорож Івана не була призначена лише для того, щоб впіймати Жар-птицю, але й для того, щоб довести його гідність та чистоту намірів. Вражена його хоробрістю та добротою, Мар'яна дарувала Івану чарівну флейту, символ мудрості та гармонії.

З чарівною флейтою у руках, Іван повернувся до свого села як герой. Він використовував сили флейти, щоб приносити радість та процвітання людям, зцілювати хворих та заспокоювати потурбовані серця своїми зачаровуючими мелодіями.

Вість про чарівну флейту Івана поширилась далеко і широко, дійшовши до вух мудрого короля, що правив сусіднім царством. Вразившись цими оповідями, король запросив Івана до свого палацу, де музика Івана торкнулася сердець усіх, хто чув її.

У знак вдячності за дарунок Івана, король запропонував йому руку своєї дочки. Іван з покорою прийняв пропозицію та одружився з принцесою, принісши любов, гармонію та щастя у царство.

Finally, after months of tireless pursuit, Ivan reached the heart of the enchanted forest. There, amidst the shimmering foliage, he spotted the elusive Firebird perched upon a branch, playing a haunting melody on a magical flute. Mesmerized by the music, Ivan approached the Firebird with reverence and admiration.

The Firebird, sensing Ivan's pure heart and determination, revealed its true nature. It transformed into a radiant young maiden with golden hair and kind eyes. She introduced herself as Mariana, the Guardian of the Forest, entrusted with the task of protecting the enchanted realm.

Mariana explained that Ivan's journey was not just to capture the Firebird but to prove his worthiness and pure intentions. Touched by his bravery and kindness, Mariana bestowed upon Ivan the enchanted flute, a symbol of wisdom and harmony.

With the magical flute in his possession, Ivan returned to his village as a hero. He used the flute's powers to bring joy and prosperity to the people, healing the sick and soothing troubled hearts with its enchanting melodies.

Word of Ivan's magical flute spread far and wide, reaching the ears of the wise king who ruled the neighboring kingdom. Intrigued by the tales, the king invited Ivan to his palace, where Ivan's music touched the hearts of everyone who heard it.

In gratitude for Ivan's gift, the king offered him his daughter's hand in marriage. Ivan accepted with humility and wed the princess, spreading love, harmony, and happiness throughout the land.

І так, Іван, скромний пастух, що відправився у пошуки Жар-птиці, став легендарним героєм, чия музика та доброта принесли мир та процвітання царству та далеко за його межі.

До цього дня казка про Івана та Жар-птицю передається від покоління до покоління, нагадуючи нам про силу хоробрості, милосердя та чарівність, що живе в кожному з нас.

And so, Ivan, the humble shepherd who embarked on a quest to capture the Firebird, became a legendary figure whose music and kindness brought peace and prosperity to the kingdom and beyond.

To this day, the tale of Ivan and the Firebird is passed down through generations, reminding us of the power of bravery, compassion, and the magic that resides within us all.

Сяйво - radiance
Зачарований - enchanted
Узаконений - heartland
Милосердя - compassion
Заспокоювати - to soothe
Вражати - to impress
Закляте - enchanted
Зцілювати - to heal
Процвітання - prosperity
Заслання - exile
Покірність - humility
Нагода - opportunity
Вівці - sheep

ЛЕВ І МИША

У давні часи жив у великій африканській джунглях сильний і страшний лев. Його могутні реви перекликалися зі стінами гори, а сила його величезних лап страшна була для усіх тварин в околиці. Лев ходив самовпевнено, вважаючи себе королем джунглів.

Але раз, під час своїх прогулянок, лев невмисно наступив на маленьку мишку, що прямувала до своєї нори. Мишка страшенно злякалася, але лев, розсмішившись, підняв лапу і вирішив пожартувати над нею.

"Ах, маленька мишка, що ти можеш зробити для мене?" - злобно засміявся лев.

Мишка зупинилася і сміло відповіла: "Ваша величність, я вас прошу прощення. Я невелика і слабка, але я обіцяю, що якщо ви мене відпустите, то я колись вам допоможу. Навіть найменші тварини можуть бути корисними".

Лев, досі насміхаючись, вирішив дати мишці другий шанс. Він підняв лапу і відпустив її, думаючи, що ніколи не побачить мишку знову.

Пройшло кілька днів, і лев потрапив у засідку, яку поставив мисливець. Великі міцні сітки стягнулися навколо нього, а він сам безсилий зірвати їх. Лев вигукнув своїм могутнім ревом, просячи допомоги.

Почувши розпач лева, маленька мишка, яка досі пам'ятала про свою обіцянку, прибігла на допомогу.

THE LION AND THE MOUSE

Once upon a time, in the vast African jungle, there lived a strong and fearsome lion. His mighty roars echoed through the mountain walls, and the power of his enormous paws was terrifying to all the animals in the vicinity. The lion walked with confidence, considering himself the king of the jungle.

But one day, during his walks, the lion accidentally stepped on a little mouse who was heading to its burrow. The mouse was terrified, but the lion, laughing, raised his paw and decided to play a prank on it.

"Oh, little mouse, what can you do for me?" the lion sneered.

The mouse stopped and bravely replied, "Your Majesty, I beg for your forgiveness. I may be small and weak, but I promise that if you let me go, I will help you someday. Even the smallest creatures can be of great help."

The lion, still chuckling, decided to give the mouse a second chance. He raised his paw and let it go, thinking he would never see the mouse again.

Several days passed, and the lion found himself trapped in a hunter's net. The strong ropes tightened around him, and he struggled and roared, unable to free himself.

Hearing the lion's distress, the mouse came to the rescue.

Вона побачила лева в засідці та почала гризти міцні верви, які тримали сітку разом. Зламавши одну за одною, мишка звільнила лева.

Лев був вражений мужністю маленької мишки та своєю власною гордістю. Він прийшов у розчулення і змовк, подякувавши мишці за її врятоване життя.

З того дня лев більше не відносився до мишки з презирством. Він зрозумів, що кожна тварина, незалежно від розміру чи сили, може мати своє значення. І він навчився шанувати всіх навколишніх і бути більш милосердним.

Ця казка навчає нас, що із найбільшої слабкості може виникнути найвеличніша мужність. Іноді навіть найменші допомоги можуть мати надзвичайний вплив, а сердечна доброта завжди заслуговує на повагу та вдячність.

With its tiny teeth, the mouse gnawed through the ropes of the net, setting the lion free. The mouse's determination and bravery saved the lion's life, proving that even the smallest of creatures can be of great help.

The lion was amazed by the courage and kindness of the little mouse. He transformed from mocking laughter to gratitude and respect for the mouse's actions. He thanked the mouse sincerely for its bravery and promised to remember its act of kindness.

From that day forward, the lion no longer looked down on the mouse. He realized that every creature, regardless of size or strength, can be valuable. He learned to respect and appreciate others based on their character and not their appearance.

This story teaches us that no act of kindness, no matter how small, is ever wasted. It also reminds us of the importance of humility, as the lion learns not to underestimate or mistreat others based on their size or appearance.

Величезний - enormous
Могутній - mighty
Розчулення - remorse
Незалежно - regardless
Власність - ownership
Презирство - disdain
Милосердя - mercy
Зламати - to break
Засідка - trap
Розпач - despair
Звільнити - to free
Навчати - to teach
Вдячність - gratitude

МИШКА ТА ЛЕЛЕКА

Мишка та лелека жили поруч і дружно проводили час. Одного разу, під час спекотного літа, лелека запросила мишку на обід. Але коли прийшов час обіду, лелека подала свою їжу у довгий, тонкий дзьоб, а мишка не могла досягти їжі. Мишка була сором'язлива, але вона почула, що лелека хотіла допомогти. Тому, наступного разу, коли мишка запросила лелеку на обід, вона підготувала їжу в мисочці. Лелека змогла спокійно поїсти, а мишка була щаслива, що могла допомогти своєму другу.

МЫШКА І ЖУРАВЕЛЬ - БІЛОРУСЬКОЮ МОВОЮ

Мышка і журавель жылі побач, адзін раз у жаркія летнія дні журавель запрасіў мышку на абед. Але калі настаў час абеду, журавель паказаў мышцы ежу на сваёй доўгай і цеснай клюшцы, і мышка не магла дайсці да ежы. Мышка стала сорамныся, але яна чула, што журавель хацеў дапамагчы. Таму, наступны раз, калі мышка запрасіла журавля на абед, яна падрыхтавала ежу ў місочцы. Журавель мог спакойна паесць, а мышка была ўзрушаная, што магла дапамагчы свайму сябру.

THE MOUSE AND THE STORK

The mouse and the stork lived nearby and spent time together. One day, during a hot summer, the stork invited the mouse for a meal. But when mealtime came, the stork served the food in its long, slender beak, and the mouse couldn't reach the food. The mouse was embarrassed, but she heard that the stork wanted to help. So, the next time the mouse invited the stork for a meal, she prepared the food in a small bowl. The stork could eat comfortably, and the mouse was happy to help her friend.

пекотний - hot
сором'язлива - shy
підготувати - to prepare
мисочка - bowl
змогти - to manage, to be able to
спокійно - calmly

білоруською мовою
журавель - crane
доўгі - long
цесны - narrow, tight
сорамныся - bashful
падрыхтаваць - to prepare
місочка - bowl
ўзрушаны - moved, touched

ОТАКА ГРОЗА

Василь: Ого, отака гроза! Я радий, що ми знайшли цей будиночок, поки дощ не змокли до нитки.

Марія: Так, Василь, ця була дуже розлючена гроза. Я вдячна, що ми тут у безпеці. Навкруги такі красиві гірські краєвиди!

Василь: Правда, цілком інша атмосфера тут, ніж у місті. Це одна з переваг гірського походу. Але цей дощ не дозволяє нам продовжити наш маршрут.

Марія: Так, ми не можемо ризикувати. Краще зачекати, поки гроза відійде, і потім продовжимо свій шлях. А що ти думаєш про наш маршрут?

Василь: Мені здається, що нам варто скоротити наш маршрут. Цей дощ може тривати ще кілька годин, і ми не хочемо ризикувати, особливо на такій висоті.

Марія: Ти правий. Безпека завжди повинна бути на першому місці. Я згодна зі скороченням маршруту. Які маршрути ти пропонуєш?

Василь: Я подивився на мапу, і ми можемо обрати альтернативний маршрут, який приведе нас до іншого села. Цей маршрут є дещо коротшим, але все ж буде цікавим і безпечним.

Марія: Звучить добре. А як на рахунок нашого плану заїхати до села в останній день? Чи зміниться цей план?

WHAT A STORM

Vasyl: Wow, what a thunderstorm! I'm glad we found this little cabin before getting soaked to the bone.

Maria: Yes, Vasyl, it was a fierce storm. I'm grateful that we're safe here. The mountain scenery around us is so beautiful!

Vasyl: Indeed, it has a completely different atmosphere here than in the city. That's one of the advantages of hiking in the mountains. But this rain is preventing us from continuing our route.

Maria: Yes, we can't take any risks. It's better to wait until the storm passes, and then we can continue our journey. What do you think about our route?

Vasyl: I think we should shorten our route. This rain may last for a few more hours, and we don't want to take any chances, especially at this altitude.

Maria: You're right. Safety should always come first. I agree with shortening the route. What alternative routes do you suggest?

Vasyl: I looked at the map, and we can choose an alternate route that will lead us to a different village. This route is slightly shorter but still interesting and safe.

Maria: That sounds good. What about our plan to visit the village on the last day? Will that change?

Василь: Я думаю, що ми можемо зберегти наш план. Запасні дні можуть бути корисними у випадку непередбачуваних обставин, як цей дощ. Але ми маємо тримати це на увазі і залежно від умов адаптувати наші плани.

Марія: І знову ти правий. Нам варто бути гнучкими та здатними адаптуватися до ситуації. Я дуже ціную твою гірську досвідченість, Василь.

Василь: Дякую, Марія. Я теж ціную нашу спільну подорож та взаємну підтримку. Ми станемо справжньою командою, пройшовши ці випробування разом.

Марія: Так, разом ми можемо подолати будь-які перешкоди. І пам'ятаймо, що головне - наша безпека і насолодження від природи.

Василь: Так, Марія. Давайте дочекаємось, поки гроза закінчиться, і після цього ми знову рухаємося вперед, нашим новим маршрутом. Будемо обережними і насолоджуймося нашою подорожжю!

Марія: Згоден, Василь. До тих пір ми можемо насолоджуватися теплом цього затишного будиночка та обмінюватися цікавими історіями з наших попередніх подорожей.

Vasyl: I think we can keep our plan. Having spare days can be useful in case of unforeseen circumstances, like this rain. But we should keep it in mind and adapt our plans depending on the conditions.

Maria: Once again, you're right. We should be flexible and adaptable to the situation. I really appreciate your mountain experience, Vasyl.

Vasyl: Thank you, Maria. I also appreciate our shared journey and mutual support. We'll become a true team by overcoming these challenges together.

Maria: Yes, together we can overcome any obstacles. And let's remember that our safety and enjoyment of nature are paramount.

Vasyl: Absolutely, Maria. Let's wait for the storm to pass, and then we'll continue moving forward on our new route. Let's be cautious and enjoy our journey!

Maria: Agreed, Vasyl. Until then, we can enjoy the warmth of this cozy cabin and exchange stories from our previous adventures.

Розлючена - fierce
Змокли - soaked
Попередній - previous
Гнучкий - flexible
Випробування - trials
Досвідченість - experience
Перешкоди - obstacles
Будиночок - cabin
Змінювати - to change
Рухатися вперед - to move forward
Насолоджуватися - to enjoy
Шлях - route

Обережний - cautious
Запасні дні - spare days

В РЕСТОРАНІ

Василь (офіціант): Доброго дня! Ласкаво просимо до нашого ресторану. Я Василь і буду вашим офіціантом сьогодні. Як я можу допомогти?

Олександр (клієнт): Доброго дня. Мені треба замовити їжу. Але, спочатку, я хочу сказати, що я очікую на швидке обслуговування і бездоганну якість страв.

Василь: Звичайно, ми намагаємося задовольнити потреби наших клієнтів. Можете розказати мені, що б ви хотіли замовити?

Олександр: Я хочу стейк, але він має бути дуже добре прожарений, без найменшого сліду крові. І я хочу, щоб картопля була хрусткою золотистою, а не пересмаженою.

Василь: Розумію. Я передам ваші побажання кухарю. А щодо напоїв, ви бажаєте щось особливе?

Олександр: Ну, мій напій повинен бути прохолодним, але не занадто холодним. Я хочу лимонад, але без льоду і з двома крижинками лимону.

Василь: Розумію. Я передам ваше замовлення бармену. Замовлення буде готове найближчим часом. Будь ласка, зачекайте трохи.

Час минув, і Василь приніс замовлення до столика.

Василь: Ось ваш стейк, як ви просили - добре прожарений і без крові. І ось ваш лимонад - прохолодний і з двома крижинками лимону.

AT A RESTAURANT

Vasyl (waiter): Good day! Welcome to our restaurant. I'm Vasyl, and I'll be your waiter today. How can I assist you?

Oleksandr (customer): Good day. I need to order some food. But first, I want to say that I expect fast service and impeccable food quality.

Vasyl: Certainly, we strive to meet the needs of our customers. Can you tell me what you would like to order?

Oleksandr: I want a steak, but it must be well-cooked with no trace of blood. And I want the potatoes to be crispy and golden, not overcooked.

Vasyl: Understood. I will convey your preferences to the chef. And for beverages, do you have any specific requests?

Oleksandr: Well, my drink should be cool but not too cold. I want a lemonade, but without ice and with two slices of lemon.

Vasyl: Understood. I will relay your order to the bartender. The order will be ready soon. Please wait a moment.

Time passed, and Vasyl brought the order to the table.

Vasyl: Here's your steak as you requested – well-cooked and without any blood. And here's your lemonade – cool with two slices of lemon.

Олександр: (пожвавлюється) Що за безглузда страва! Це навіть не стейк, це суха шматочок м'яса! І лимонад занадто теплий, і лимону немає!

Василь: Вибачте за незручності. Я можу повідомити кухаря про ваші побажання щодо страви і попросити приготувати її зову.

Олександр: Ні, я не хочу більше їсти тут. Цей ресторан - найгірший, якого я коли-небудь бачив! Я хочу говорити з менеджером.

Менеджер (приходить): Я чув, що у вас є проблеми з обслуговуванням. Я менеджер цього ресторану. Що сталося?

Олександр: Цей офіціант не може нормально обслужити. Страви неякісні, а лимонад - неприйнятний. Я хочу, щоб ви зробили щось з цим.

Менеджер: Вибачте, що ви не задоволені нашим обслуговуванням. Ми завжди стараємося задовольнити потреби наших клієнтів. Але ваше ставлення є неприйнятним. Я маю право відмовити вам обслуговування у нашому ресторані. Будь ласка, залиште заклад.

Олександр (злісно): Це найгірша обслуговування, яку я коли-небудь отримував! Я розкажу всім про цей жахливий ресторан!

Менеджер: Дякую, що вибачаєтеся. Будьте ласкаві, виходьте.

Менеджер відвів Олександра до виходу, а решта гостей з вдячністю спостерігали, як неприємний клієнт покидає ресторан.

Oleksandr: (becoming agitated) What a ridiculous dish! This isn't even a steak; it's a dry piece of meat! And the lemonade is too warm, and there's no lemon!
Vasyl: I apologize for the inconvenience. I can inform the chef about your preferences regarding the dish and ask for it to be prepared again.
Oleksandr: No, I don't want to eat here anymore. This restaurant is the worst I've ever seen! I want to speak to the manager.
Manager (approaching): I heard that you have issues with the service. I am the manager of this restaurant. What happened?
Oleksandr: This waiter cannot serve properly. The food is of poor quality, and the lemonade is unacceptable. I want you to do something about this.
Manager: I apologize for your dissatisfaction with our service. We always strive to meet the needs of our customers. However, your behavior is unacceptable. I have the right to refuse service to you in our restaurant. Please leave the premises.
Oleksandr (angrily): This is the worst service I have ever received! I will tell everyone about this horrible restaurant!
Manager: Thank you for apologizing. Please leave.
The manager escorted Oleksandr to the exit, while the other guests watched with gratitude as the unpleasant customer left the restaurant.

Бездоганний - impeccable
Пересмажено - overcooked
Прожарений - well-cooked
Хрусткий - crispy
Задовольнити - to meet (needs)
Неприйнятний - unacceptable
Замовлення - order
Задоволення - satisfaction
Зближення - approaching
Заклад - establishment

Вибачення - apology
Відмовити - to refuse
Залиште - leave
Злісно - angrily
Жахливий - horrible
Відхилити - to reject

НЕПРИЄМНИЙ СУСІД

Георгій (грузин): Привіт, Олександр! Я чув багато про ситуацію в Донбасі та Південній Осетії. Це дійсно печально, що Росія втручається у внутрішні справи сусідніх країн.

Олександр (українець): Привіт, Георгій! Так, ситуація дійсно складна і напружена. Російська агресія в Донбасі та вторгнення в Південну Осетію лише підтверджують їх небажання поважати суверенітет і територіальну цілісність наших країн.

Георгій: Абсолютно згоден. Росія використовує свою силу для здійснення своїх політичних і військових цілей. Це ще більше погіршує ситуацію в регіоні і загрожує миру і стабільності.

Олександр: Так, саме так. Україна веде активну боротьбу за свою незалежність і територіальну цілісність. Ми не маємо наміру поступатися перед агресором і боротися за свої права.

Георгій: Я повністю вас підтримую. Ми, грузини, також пережили агресію з боку Росії в 2008 році, коли вони вторглися в Південну Осетію та Абхазію. Це було жорстоке порушення нашої територіальної цілісності.

Олександр: Це правда. Нам важливо підтримувати солідарність між нашими народами, які борються зі схожими викликами. Ми повинні об'єднатися проти агресії та спільно працювати для відновлення миру і стабільності в наших регіонах.

Георгій: Абсолютно згоден, Олександр. Наші народи повинні стояти пліч-о-пліч і підтримувати один одного.

TROUBLESOME NEIGHBOUR

Georgiy (Georgian): Hello, Alexander! I've heard a lot about the situation in Donbass and South Ossetia. It's truly sad that Russia is interfering in the internal affairs of neighboring countries.

Alexander (Ukrainian): Hello, Georgiy! Yes, the situation is indeed complex and tense. Russian aggression in Donbass and the invasion of South Ossetia only confirm their unwillingness to respect the sovereignty and territorial integrity of our countries.

Georgiy: Absolutely agreed. Russia is using its power to pursue its political and military goals. This further worsens the situation in the region and threatens peace and stability.

Alexander: Yes, exactly. Ukraine is actively fighting for its independence and territorial integrity. We have no intention of yielding to the aggressor and will fight for our rights.

Georgiy: I fully support you. We, Georgians, have also experienced aggression from Russia in 2008 when they invaded South Ossetia and Abkhazia. It was a cruel violation of our territorial integrity.

Alexander: That's true. It's important for us to maintain solidarity between our peoples who are facing similar challenges. We must unite against aggression and work together to restore peace and stability in our regions.

Georgiy: Absolutely, Alexander. Our nations must stand side by side and support each other.

Ми не можемо дозволити Росії роз'їжджати нас і порушувати нашу суверенітет.

Олександр: Точно! Час діяти і продовжувати боротьбу за свободу і незалежність. Ми повинні використовувати всі можливі способи, включаючи політичний та дипломатичний тиск, щоб зупинити російську агресію.

Георгій: Повністю підтримую. Нехай наша спільна боротьба принесе нам перемогу і забезпечить мир і стабільність у наших регіонах.

Олександр: Дякую, Георгій, за вашу підтримку. Разом ми сильніші і ми здатні перемогти. Нехай наша солідарність покаже Росії, що наші народи не піддаються їх агресії.

Георгій: Дійсно, разом ми сила. Бажаю нам успіху в нашій боротьбі і незабаром повернутися до миру і стабільності в наших регіонах.

Олександр: Дякую, Георгій. Разом ми переможемо і створимо майбутнє, в якому наші народи будуть жити в мирі і свободі.

Георгій: Вірю в це. Разом ми сильні!

We cannot allow Russia to divide us and violate our sovereignty.

Alexander: Exactly! It's time to take action and continue the fight for freedom and independence. We must use all possible means, including political and diplomatic pressure, to stop Russian aggression.

Georgiy: I fully support that. May our joint struggle bring us victory and ensure peace and stability in our regions.

Alexander: Thank you, Georgiy, for your support. Together, we are stronger, and we can overcome. May our solidarity show Russia that our peoples do not yield to their aggression.

Georgiy: Indeed, together we are strong. I wish us success in our fight and a soon return to peace and stability in our regions.

Alexander: Thank you, Georgiy. Together, we will triumph and create a future where our peoples live in peace and freedom.

Georgiy: I believe in that. Together, we are strong!

Втручатися - to interfere
Вторгнення - invasion
Поважати - to respect
Роз'їжджати - to divide
Дипломатичний тиск - diplomatic pressure
Вторгатися - to invade
Напружена - tense
Небажання - unwillingness

Other languages in the Rosetta Series:

Afrikaans	Latvian
Albanian	Lithuanian
Amharic	Maori
Arabic	Malay
Armenian (East, West)	Mandarin (Banned on Weibo)
Bengali	
Bulgarian	Neapolitan (ENG, ITA)
Cantonese	Nepali
Catalan (ENG, ESP)	Norwegian
Croatian	Polish
Czech	Portuguese
Danish	Punjabi
Dutch	Romanian
Estonian	Romansh
Esperanto (ENG, FRE, GER)	Russian (And then it got worse)
Farsi	
Finnish	Sami
Frisian	Serbian
Galician (ENG, ESP)	Sicilian (ENG, ITA)
Gujarati	Slovak
Hawaiian	Slovene
Hebrew	Somali
Hindi	Swahili
Hungarian	Swedish
Icelandic	Tagalog
Indonesian	Tamil
Irish	Thai
Italian	Turkish
Japanese	Ukrainian
Kazakh	Urdu
Khmer	Vietnamese
Korean	Welsh
Lao	Zulu

Made in United States
Troutdale, OR
12/27/2023